Use-c

Use of French

Language Practice for French A Levels

Harry Ferrar
formerly Senior Modern Languages Master,
King's School, Worcester

Joan Spencer
formerly Assistant Secretary,
University of Oxford Delegacy of Local Examinations

Nelson

Thomas Nelson and Sons Ltd
Nelson House   Mayfield Road
Walton-on-Thames   Surrey
KT12 5PL   UK

51 York Place
Edinburgh
EH1 3JD   UK

Thomas Nelson (Hong Kong) Ltd
Toppan Building 10/F
22A Westlands Road
Quarry Bay   Hong Kong

Thomas Nelson Australia
102 Dodds Street
South Melbourne   Victoria 3205
Australia

Nelson Canada
1120 Birchmount Road
Scarborough Ontario
M1K 5G4   Canada

© Harry Ferrar and Joan Spencer 1985

First published by Macmillan Education 1985
ISBN 0-333-36915-7

This edition published by Thomas Nelson & Sons Ltd 1992
ISBN 0-17-439725-9
NPN 9 8 7 6 5 4 3

All rights reserved. No paragraph of this publication may be reproduced, copied or transmitted save with written permission or in accordance with the provisions of the Copyright, Design and Patents Act 1988, or under the terms of any licence permitting limited copying issued by the Copyright Licensing Agency, 90 Tottenham Court Road, London W1P 9HE.

Any person who does any unauthorised act in relation to this publication may be liable to criminal prosecution and civil claims for damages.

Printed in Hong Kong

Contents

Preface		vi
Acknowledgements		vii
1	Translation	1
2	Reading Comprehension	21
3	Summary	45
4	Aural Comprehension	64
5	Guided Composition	76
6	a. The Oral	82
	b. Reading Passages	92
7	Use of French	98
Appendix		130

Preface

Use of French is a book of practice material for the final year of A Level French. It provides, in its separate chapters, a full selection of material for practising most of the language tests set in both the traditional and the newer alternative examination syllabuses. Nearly all the texts have been selected from newspaper and magazine articles and other publications of the last few years. The choice of topics is, it is hoped, sufficiently varied to appeal to a wide range of tastes and interests.

This book does not set out to teach French as a subject, although there is clearly a great deal to be learnt indirectly from familiarity with the up-to-date French in its pages. It is meant to be a working handbook which will assist both teacher and pupil in preparing for the A Level examination. In the first place, it provides a good year's supply of practice material, including authentic examination questions at the end of each chapter; in addition, it includes, with the needs of the pupil in mind, general hints on approaching the various techniques involved and, in particular, in the appropriate chapters, a series of worked examples, showing in detail how various difficulties could be overcome. It is felt that this kind of assistance in directing one's efforts and in deploying one's knowledge to the best advantage can make all the difference between success and failure, and can help to achieve a higher grade.

The special feature of this book is the final chapter, itself entitled *Use of French*, which contains a series of exercises, using varied and recently-developed techniques, designed to test the ability to write French without requiring translation from English.

The Aural Comprehension passages have been recorded on tape by native speakers, and a transcript is included in the Appendix at the end of the book for teachers' use.

The pieces for translation, comprehension, and so on have not been arranged, except very approximately, in order of difficulty. They, and the book as a whole, may be used selectively.

Harry Ferrar and Joan Spencer

Acknowledgements

The authors and publishers wish to thank the following who have kindly given permission for the use of copyright material:

Librairie Plon for extracts from *Le Mal français* by Alain Peyrefitte.

Editions du Centurion for an extract from *Les Yeux Ouverts* by Marguerite Yourcenar, published in English by Beacon Press.

Editions Gallimard for extract from *La Peste, Journaux de voyage, L'Envers et l'endroit* by Albert Camus; *Tout compte fait* by Simone de Beauvoir and *Antimémoires* by A. Malraux.

Editions du Seuil for extracts from *How nice to see you* by Roger Kempf and *Un crime de notre temps* by Pierre Moustiers.

L'Express Magazine, Syndication Sales, for extracts from articles 'Trends among French holidaymakers, 1982' (18.6.82); 'School for detectives' by Jacqueline Rémy (9.9.82); and 'Pétrole: un répit trompeur' by Patrick Bonazza (24.7.81).

Le Figaro for extracts from articles 'Up and Away' by Pierre Bois (29.9.83); 'The high-speed train, French style' by Pierre Kerlouegan (22.9.83); 'In Praise of the Bicycle' by Paul Guth; 'The A13 cowboys' by Francis Puyalte (21.9.82); 'The Deep South on the small screen' by Jean Calme (6.6.82); ' "Scientific" socialism in the factories' by André Piettre (29.9.82); 'Two master-crimes of Gérard Dupré' by Pierre Bois (29.9.82); 'Sixty bomb alarms over the weekend' by E.F. (29.9.82); 'Worker-ownership in the USA' (23.8.83); 'Labradors in the Elysée Palace' by Jean-Marie Montaron (12.10.83); 'De nouvelles chances pour les dirigeables' by Pierre Darcourt (29.9.82); 'Une clinique psychiatrique pour chiens' (31.10.83); 'L'urbanisme sans coeur' by Thierry Maulnier (1.2.62); 'Un animal domestique' by Jean-Michel Barrault (16.9.83); 'L'Alsace se lance dans la culture de l'ail' (23.8.83); 'Efficiency in a star Rumanian factory' (21.9.82); 'A three-masted sailing ship, the "Belem", is restored and opened to the public' by Jean-Michel Barrault (21.9.82); and from articles by Jacques Mallecot and Laurent Mossu.

Librairie Ernest Flammarion for an extract from *Pour rétablir une vérité* by G. Pompidou.

Le Monde for extracts from articles 'Communication végétale' by Paul Caro (3.10.83); 'Répondeurs en attente' by Marysa Wolinska (11.9.83); 'A bumper harvest' by François Renard (1.10.83) and 'Earthquake shocks in Belgium and China' (9.11.83); 'Que faire des écoles?' by John Gretton (*Le Monde de l'Education*, November 1980); 'Les consommateurs dans le prétoire' by L. Delwasse (*Le Monde Dimanche* 30.10.83); 'Les sociologues découvrent l'ennui' by Th. Ferenczi (*Le Monde Dimanche*, 25.4.82); and 'Yves Duteil, le charmeur' by Jean-Edouard (*Le Monde de l'Education*, January 1983).

Le Nouvel Observateur for an extract from an article 'Les Français boudent la vidéo'.

Le Point for extracts from articles 'Criminals with terrorist connections' (19.4.82); 'Problems facing French Education Today' by J. Duquesne (19.8.82) and 'La Guerre Scolaire Menace' by J. Duquesne (19.4.82).

The Associated Examining Board for a question from the June 1983 French A Level Paper 2 (624/2).

Oxford and Cambridge Schools Examination Board for a question from the 1979 French A Level Paper.

Southern Universities' Joint Board for a question from the June 1980 French A Level Paper.

University of Cambridge Local Examination Syndicate for a question from the June 1983 French A Level Paper.

University of Oxford Delegacy of Local Examinations for questions from the Summer 1983 French A Level Paper.

Aural comprehension sources
Sample exercise: Albert Camus, *La Peste*.
1 Marguerite Duras, *Outside*, Albin Michel, Collection 'Illustrations'. Title of article: 'Entretien avec un "voyou" sans repentir' pp 126–149.
2 *Pétrole Progrès*, Jan, 1970.
3 Jacques Mallécot, *Le Figaro*, No 6778.
4 *Le Figaro*, Sept, 1983 (signed Laurent Mossu).
5 *Le Monde de l'Education*, Jan, 1983.
6 Alain Peyrefitte, *Le Mal français* (Plon).
7 *Le Monde de l'Education*, May, 1981.
8 *Le Monde de l'Education*, Jan, 1983.
9 Alain Peyrefitte, *Le Mal français*, (Plon).
10 *Le Monde de l'Education*, Oct, 1983.
11 *Le Monde Dimanche*, Sept, 1983 (signed Guitta Pessis-Pasternak).
12 Marguerite Yourcenar, *Les yeux ouverts*.

Every effort has been made to trace all the copyright holders but if any have been inadvertently overlooked the publishers will be pleased to make the necessary arrangement at the first opportunity.

1 Translation

General

The Translation paper, besides being a test of knowledge, is, and is meant to be, a venture into the unknown, a test of ability to solve problems and of determination not to be baffled.

Hints

Good rules in the game:

1 Don't start writing until you have gone through the whole piece at least once, better twice.
2 Don't embark on the writing out of any sentence until you have made up your mind exactly how you are going to finish it.
3 Where there are 'blanks', gather clues
   — from the immediate context
   — from your sense of what is likely
   — from information gathered from further on, or further back, in the piece.
   Build up the unknown from the known.
4 Don't write non-English, or nonsense.

How near?
How far?

Candidates often wonder how close they should keep, in their translation, to the original. The answer is: as close as possible, unless it involves writing what is not English, for example:

> Avoid paraphrasing unnecessarily, such as by writing 'He was allergic to work' for *Le travail ne l'attirait guère*, instead of 'Work had little attraction for him'.
> but do write 'They were having a good time' for *Ils s'amusaient bien*, and not 'They were amusing themselves well'.

Worked Examples

Two worked passages follow. They have not been translated in full, but some potentially difficult words and phrases have been considered in detail, to show how the general hints given above could be applied to particular problems. It suggests ways of thinking yourself out of difficulties and of avoiding unnecessary errors.

The passages could still be used for a full practice translation.

The words involved are in *italics* in the text, and the numbers refer to the following Notes.

1 The trammels of bureaucracy

Quand je cherche à définir d'un adjectif les électeurs, tels que je les vois *défiler*[1] ainsi dans mes *permanences*[2], je ne trouve que celui-ci, qu'ils utilisent parfois: '*paumés*'[3]. S'il y a quelque passion dans ce livre, c'est sans doute en mémoire de ces hommes et de ces femmes en détresse.

D'où vient la détresse? Pas, le plus souvent, de la pauvreté ou de la maladie, contre lesquelles le Français *manie*[4] avec efficacité toutes les armes de la ruse, de la résignation ou du courage. Mais il *se débat dans ce paradoxe insupportable*[5]: l'organisation sociale faite pour l'aider, le protéger, lui rendre justice, n'aboutit souvent qu'à lui compliquer la vie, voire à lui dénier la justice.

Les citoyens se heurtent aux guichets comme un *frelon*[6] à la vitre. Des arriérés d'impôts que le *fisc*[7] leur réclame à la suite d'une erreur qu'il a commise, mais qu'il ne veut pas reconnaître. Une pension de veuve qui est refusée parce qu'on n'arrive pas à retrouver trace d'un employeur du *défunt*[8] trente ans plus tôt. Une *demande de remboursement de produits pharmaceutiques par la Sécurité sociale*[9], que celle-ci retourne en réclamant des *pièces*[10] que l'assuré lui a envoyées depuis six mois sans en garder copie. Une demande de *permis de construire*[11] obstinément rejetée parce que la forme d'une fenêtre ne plaît pas aux *services des monuments historiques*[12], et que le pavillon sera situé à un peu moins de cinq cent mètres d'une église, d'où pourtant on ne le verra pas: mais il faudrait, pour s'en rendre compte, *se transporter sur place*[13], ce que les fonctionnaires ne font presque jamais.

Si tant d'électeurs viennent ainsi voir leur député, c'est qu'ils espèrent trouver en leur élu l'initié, le sorcier, qui saura *percer les mystères*[14] de l'administration, en *déjouer les menaces*[14]. Chacun m'apporte un nouvel exemple de l'abîme qui sépare la *règle conçue*[15] – de manière à assurer l'égalité pour tous du 'service public' ou de la prestation sociale – et la *règle perçue*[15] dans son application, souvent *hasardeuse*[16], arbitraire, aveugle. Quelle détresse, chez tant de personnes simples, devant cet univers administratif sur lequel rien ne semble *avoir prise*[17], et qui les retient dans le labyrinthe de ses procédures!

Pour une femme[18] qui éclate en sanglots en jetant tous ses papiers sur mon bureau et s'écrie: 'J'sais pas y faire' – combien n'osent même pas cette démarche, et abandonnent?

Alain Peyrefitte, Le Mal français

Notes

1 *défiler:* obviously not 'defile' – the key ingredient of the word is *file* = procession; *défiler* = 'pass in procession', here probably 'queue up'.

2 *permanences:* it is seen from the first line of paragraph 4 that *'je'* is *'leur député'*. Therefore *permanences* must be here a place where a *député* has interviews with his *électeurs*. Appropriate term here would be 'surgery', written in inverted commas, or 'interview room'.

3 *'paumés':* read on, to find out what sort of experiences the constituents are having with bureaucracy, and then think of what sort of word they might use to describe their feelings. 'Pushed around', 'frustrated' would be near misses, but the fully correct meanings are 'lost', 'bewildered'.

4 *manie:* the grammatical object is *armes*; *manie* must be something you do with weapons, i.e. 'wield'.

5 *se débat dans ce paradoxe insupportable:* don't rush in with 'debates this intolerable paradox'. This avoids translating both the *dans* and the *se*, and does not fit in with what he is likely to be doing in the situation where the *organisation sociale faite pour l'aider...n'aboutit souvent qu'à lui compliquer la vie. Se débat* = 'struggles', 'does battle' (c.f. *se battre* = 'to fight').

6 *frelon:* try the fill-in-the-blank method. 'The citizens jostle each other at the counters like a (blank) against the window-pane.' 'Moth' would be a good guess. Actually *frelon* = 'hornet'. (You can't win them all!)

7 *fisc:* the context shows that it is the institution or people who are demanding *arriérés d'impôts*. Any of the following would do: 'tax collector', 'tax authorities', 'Inland Revenue'.

8 *défunt:* if it is a *veuve* who is in trouble, her husband must be *défunt* (= deceased). You could say 'the deceased' or 'her late husband', whichever suits your style better.

9 *demande de remboursement de produits pharmaceutiques par la Sécurité sociale:* think carefully what is likely to be going on. The words could be made to mean 'claim for reimbursement of pharmaceutical products by the Social Security', but this would be a most unlikely transaction. The phrase means 'claim for reimbursement for/of money spent on pharmaceutical products from/through the Social Security'. (Moral: *de* doesn't always = 'of'; *par* can = 'through'; have a second look at anything which sounds nonsense.)

10 *pièces:* obviously not 'pieces'. Something which you would send with a *demande de remboursement*, and of which it would be wise to *garder copie*? Answer: '(supporting) documents', 'vouchers'.

11 *permis de construire:* this is a context where it would be all right to use the English equivalent, 'planning permission', and not insist on making an exact translation.

12 *services des monuments historiques:* 'services of historical monuments' is gobbledygook. Who would be making difficulties about the *permis de construire*? The appropriate 'department'. Say 'Historic Buildings Department', for example.

13 *se transporter sur place:* reason backwards. If *s'en rendre compte* = 'to realise it', what is 'it'? What the *en* refers to will be something that has just been said, that is the fact that from the *église...on ne le verra pas* ('it can't be seen from the church'). Now complete the argument. How could one register the fact that the *pavillon* could not be seen from the church? Answer: by *se transporter sur place*. So *il faudrait...sur place* = 'one would have to visit the spot/site'.

14 *percer les mystères...déjouer les menaces:* appreciate the simile running through this sentence. The *député* is seen by his constituents as being like a *sorcier* waving his magic wand and opening a path through the forest of difficulties. So, for *percer*, an appropriate translation would be 'unravel', 'cut a way through'. *Déjouer* is what a sorcerer does to spells already cast, he 'undoes' them. Here 'defeat', 'nullify' would do nicely. Very tempting is 'defuse'.

15 *règle conçue...règle perçue:* careful analysis of meaning needed here; but a solution is made easier by studying the words which follow *conçue* and *perçue*. The sentence is repeating in another way what was said about the *paradoxe* in paragraph 2. Looking back at this will also help. The author is pointing the contrast between how the *règle* is *conçue* (what people's idea or conception of it is, what is the basic idea behind it), and how the *règle* is *perçue* (how it is seen or perceived to function in reality). One might say 'the law as it is conceived, with the idea of helping him...and the law as it is seen in its application'.

16 *hasardeuse:* not 'hazardous' in this context. You need something that will fit with *arbitraire* and *aveugle*, such as 'chancy', 'risky' (cf. *au hasard* = at random).

17 *avoir prise:* watch the grammar; *prise* cannot be a past participle, because there is no preceding direct object for it to agree with; also, how is one going to translate *sur*? *Avoir prise sur* = 'to have a hold on'/'to have power over'/'to (be able to) get to grips with'.

18 *Pour une femme:* read this sentence through at least as far as *combien* before putting down 'For a woman...'. It will be seen from the way that the sentence continues that it must be 'For (every) one woman who...how many...?'

2 Criminals with terrorist connections

En septembre 1980, une équipe de *braqueurs*[1] accompagnée de deux femmes *attaque*[2] une banque, *avenue Bosquet*[3], à Paris. Un *car*[4] de police-secours qui passe par hasard est accueilli par une rafale de *mitraillette*[5]. Les *truands*[6] parviennent à s'enfuir. Six mois plus tard, nouveau *braquage*[1]: même style, même équipe. Trois *voyous*[7], accompagnés d'une femme, une jeune fille mince et blonde, s'en prennent à une banque, *place des Ternes*[8]. Cette fois l'affaire tourne plus mal: un policier est tué et les truands tirent dans leur fuite 53 balles de tous calibres. Depuis les enquêteurs cherchent la femme. L'enquête s'oriente vers les *milieux*[9] d'extrême gauche. L'un des auteurs du coup, Philippe Gobain, 25 ans, membre du groupe *Action directe*[10], est arrêté par la police. Trahi par sa silhouette il a été reconnu par les témoins. Mais la mystérieuse complice demeure toujours introuvable.

C'est alors que la chance s'en mêle. Le 25 mars, six *loubards*[11] font du tapage dans une pizzeria du quartier latin. Ils tentent, semble-t-il, de s'emparer de la caisse. La police intervient et les arrête. Parmi eux plusieurs militants d'Action directe *fichés*[12] aux Renseignements généraux, dont Joëlle Aubron, une jeune fille de bonne famille déjà *repérée*[13] dans des cercles 'autonomes'. Le *signalement*[14] de la jeune femme rappelle étrangement celui de la 'Bonnie' de la place des Ternes.

Les six personnes sont libérées, mais la machine policière se met en route. Le 'patron' de la *Brigade de répression du banditisme*[15], Serge Davos, *chargé du hold-up*[16], apprend que Joëlle habitait rue du Borrège. *Vérifications faites*[17] elle n'y vit pas, *mais y loue*[18] à son nom – erreur de novice – *le box n° 022*[19]. On y découvre une moto et un respectable arsenal: deux *fusils à pompe*[20], cinq *pistolets-mitrailleurs*[21] Schmeisser, neuf pistolets automatiques, deux revolvers et une grenade. Les policiers enlèvent les armes et organisent une *souricière*[22]. Ils *n'auront pas*[23] longtemps à attendre. Le lendemain, 26 mars, un couple se présente dans *une 504*[24]. L'homme *veut*[25] prendre la moto, mais, en découvrant la cache vide, il tente de s'enfuir avec sa compagne, Joëlle Aubron. Les inspecteurs les interceptent. Le conducteur est une vieille connaissance, et les policiers jubilent de le reprendre *la main dans le sac*[26]. Mohand Hamami, 26 ans, avait déjà été arrêté en avril 1980. On l'avait trouvé en possession de liasses de billets neufs qui provenaient d'un hold-up commis la veille à Angers. *Il sera inculpé*[27] de deux autres *braquages*[1] à Toulouse et à Grenoble.

Le Point

6 / Use of French

Notes

1 *braqueurs:* as *braquage*, which describes the action, appears a few lines further on, and in the last sentence, it is clear, from the 'bank' context, that *braqueurs* = 'bank robbers', and *braquage* = 'bank robbery', 'bank hold-up'. (In confirmation of which the Franglais *hold-up* is used several times further on.)

2 *attaque:* most of this passage is written in the French vivid present tense. English does this much less frequently. Better write 'attacked' here, and continue to use the appropriate past tense. Thus *passe*, a line further on, would become 'was passing'.

3 *avenue Bosquet:* note the French usage of omitting preposition and article when giving addresses. Here, in English, 'in the' will be required before 'Avenue', and in several other similar places further on.

4 *car:* not 'car'; often 'coach', but here, in a police context, 'van'. The *police-secours* is what, in this country, you dial 999 for (English equivalent usually just 'police').

5 *mitraillette:* see Note 21.

6 *truands:* this is another way of referring to the *braqueurs*; similarly the *voyous* of the next incident. Both simply = 'criminals'.

7 *voyous:* see Note 6. (A *voyou* is something of a thug, as seen from the context.)

8 *place des Ternes:* see Note 3.

9 *milieux:* in this context the meaning is 'circles'.

10 *Action directe:* the capital *A* shows that this is the name of a group. Repeat the French title verbatim; don't translate.

11 *loubards:* if they *font du tapage* and *tentent de s'emparer de la caisse*, they could be, and are, 'thugs', 'hooligans', 'hoodlums'.

12 *fichés:* reason backwards from *aux Renseignements généraux*, which must be something like 'Central Information Register'. *Fiche* is a slip of paper; *ficher* is to record something on a *fiche*; therefore *fichés aux* here = 'whose names were on the files of'.

13 *repérée:* if Joëlle's name is on the Register, this is presumably because she has already been 'spotted', 'noted', 'observed' in 'independence' circles.

14 *signalement:* from context must be 'description' (not 'signalling').

15 *Brigade de répression du banditisme: bandit* is the French way of describing a criminal who could use violence. Therefore, in modern police contexts, *banditisme* = 'violent crime'. It would probably be all right here to forget the *répression*, and say 'Violent Crime Squad'.

16 *chargé du hold-up:* the Inspector would not take kindly to the suggestion that he was 'in charge of the hold-up'. You could say 'in charge of investigations into', or simply 'investigating'.

17 *Vérifications faites:* a participial construction – literally = 'checks having been made'. You could say 'When a check was made' or 'On checking(-up)'.

18 *mais y loue:* don't omit the *y*. 'She rented at this address.'

19 *le box n° 022:* scope for brainwork here! If it contains a *moto* and a *respectable arsenal* of weapons, it can't be a PO Box. It is something that you find at an address, is big enough to hold an arms cache, and a motorbike, and is a favourite place for hiding such things. Yes! A 'lock-up garage' (*box* came to mean this from being originally an abbreviation of the English 'loose-box').

20 *fusils à pompe* = airguns.

21 *pistolets-mitrailleurs:* from *mitraille* (= 'grape-shot', 'hail of bullets') come *mitrailleuse* = 'machine-gun'; *mitraillette* = 'sub-machine-gun'; *rafale de mitraillette* = 'burst of sub-machine-gun fire'; *pistolets-mitrailleurs* = 'machine-pistols'.

22 *souricière:* it looks as though it has something to do with a mouse, and the next sentence indeed confirms that the police have set a 'trap'.

23 *n'auront pas:* idiomatic use of the future tense. To the French, using the vivid narrative present tense (see Note 2), this future tense means 'They are not going to have to wait long', or, more simply, 'they haven't long to wait'. If you are using past tenses in the English translation, this will come out as 'They hadn't long to wait', or 'They didn't have long to wait'.

24 *une 504:* you may know what a 504 is anyway; but if not, the fact that the couple turn up in it makes 'car' very likely. You may also recollect that a 504 is *une Peugeot*. The clearest and safest English translation would be 'in a Peugeot 504'.

25 *veut:* 'wants to' would sound quaint under the circumstances; here it means 'is about to', 'is (just) going to'.

26 *la main dans le sac:* you can choose a corresponding English idiom, such as 'red-handed', 'in the act'.

27 *Il sera inculpé:* cf. Note 23. Here, translation would be 'He was (later) to be convicted'.

Passages for Translation

1 Up and away!

Gérard Dupré (33 ans) répond à toutes les caractéristiques d'un truand de roman-policier, et son aventure se conclut, comme il se fait dans les 'bons' romans, devant les assises de Créteil. Mais il n'empêche, qu'un instant, il a coupé le souffle à la France en réussissant une 'première' à la prison de Fleury-Mérogis, non pas en creusant un tunnel, comme un auteur sans imagination l'aurait pensé, mais en empruntant un hélicoptère, ce qui démontre qu'à défaut d'honnêteté il ne manque pas d'idées.

27 juin 1981 Dupré, en survêtement, arpente la cour de la prison. Il est jeune, sportif, il a un visage intelligent et un casier judiciaire de 'pro' comportant déjà sept condamnations. Ce qui le préoccupe, c'est qu'il risque vingt ans de prison pour son dernier exploit – un braquage de banque avec prise d'ôtages – et ce qu'il cache soigneusement sous une apparente décontraction, c'est son rendez-vous à la seconde près avec la liberté. Alors il fait son jogging habituel en priant le ciel des voleurs de vouloir lui être clément.

Et du ciel justement descend un hélicoptère qui se pose tranquillement au centre de la prison, ses pales tournant à folle vitesse. Naturellement les gardiens s'écartent pour échapper au vent violent et les détenus contemplent sans réagir l'appareil en pensant qu'il vient pour évacuer un blessé. Sauf Dupré qui, lui, sprinte éperdument, se hisse d'un bond dans la carlingue – la culture physique en prison, cela peut servir – disparaît, sautant le mur à sa façon.

Stupéfaction dans un premier temps. Enquête dans le second. Ce qui laisse songeurs les policiers c'est évidemment le culot du personnage, mais aussi la réalisation impeccable de ce projet insensé.

Pierre Bois, *Le Figaro*

2 Waiting for the operator

En 1961, plusieurs communes de la vallée de la Seine m'alertèrent sur les délais des communications téléphoniques. J'écrivis au ministre des PTT. Le temps passa. Enfin une lettre me parvint, rédigée sur un ton catégorique: l'attente se comptait en secondes, non en minutes.

Cependant les protestations recommencèrent. Un an plus tard, on m'assurait que le délai atteignit une demi-heure, parfois une heure. Pour alerter les pompiers, mieux valait prendre sa voiture. Je renouvelai ma démarche. Cette fois, l'administration, pour me convaincre, plaça, dans le central de Provins, des compteurs chargés de mesurer le temps qu'il fallait attendre la réponse de l'opératrice: il ne dépassait jamais une minute. L'administration, pleine de bonne volonté, reconnaissait d'ailleurs que c'était trop. Elle embaucha de nouvelles opératrices et réduisit le délai, *vu du côté du central*, à une dizaine de secondes. Nouvelles récriminations. Menant moi-même l'enquête, je constatai, montre en main, que, *vue du côté de l'abonné*, l'attente atteignit la demi-heure.

On finit par découvrir l'explication. Les usagers agitaient la magnéto de leur téléphone, mais aucun circuit n'était libre: leur signal ne parvenait pas au central. Ils avaient beau s'impatienter, la demoiselle du téléphone ne s'en apercevait pas. Les compteurs eux-mêmes ne se mettaient en marche que lorsque le circuit se libérait...Et il ne fallut pas moins de dix ans pour effectuer des améliorations à un trafic dont l'administration niait fermement qu'il se fût jamais détérioré.

Alain Peyrefitte, Le Mal français

3 The high-speed train, French style

Paris-Lyon par le train en 120 minutes. Depuis quelque seize ans qu'on en parle, ce sera enfin chose possible à partir de dimanche avec l'ouverture au trafic, dans sa totalité, de la ligne nouvelle construite entre les deux villes.

Mis en service il y a deux ans sur la partie sud de la voie nouvelle, de Saint-Florentin à Lyon, le train à grande vitesse n'est plus un inconnu pour nombre d'usagers. La silhouette aérodynamique de ses rames oranges, la configuration intérieure des voitures qui rappelle l'avion plus que le train, l'impression de calme et de douceur ressentie alors qu'on roule à plus de 72 mètres/seconde nous sont maintenant bien familières. Le T.G.V., bien qu'il marque une nette rupture avec le voyage en train classique, est donc entré dans les mœurs. En deux ans, 14 millions de voyageurs l'ont emprunté, alors que la S.N.C.F. avait prévu d'en transporter environ 11 millions. C'est un succès, confirmé d'ailleurs par les enquêtes effectuées auprès de la clientèle qui apprécie la qualité du service rendu tout en manifestant encore quelques réticences vis-à-vis de la réservation obligatoire et du dialogue avec l'ordinateur.

A la S.N.C.F. on fait remarquer, à l'appui de ce témoignage collectif, la satisfaction que les ennuis de jeunesse du T.G.V. ont aujourd'hui disparu et que la ponctualité des rames dans la limite de 14 minutes – limite trop complaisante, soit dit en passant, pour le train le plus rapide du monde – est supérieure à 97% depuis deux ans.

Même la restauration à bord s'est améliorée et la vente en deuxième classe, depuis cet été, d'un plateau froid à 34F devrait permettre de désemplir le bar qui devenait trop exigu à l'heure des repas. C'est donc maintenant, après deux ans de rodage et avec l'ouverture au trafic de toute la ligne nouvelle, que l'on va pouvoir juger sans indulgence une réalisation qui n'a pas son équivalent dans le monde.

Pierre Kerlouégan, Le Figaro

4 In praise of the bicycle

L'union nationale des deux-roues pousse un cri d'alarme. Elle déplore 'un réel mépris à l'égard de la bicyclette'.

La bicyclette, aujourd'hui ravalée au rang de l'âne des transports, est une des plus extraordinaires inventions humaines. Elle est le seul mode de locomotion qui permet à l'homme d'être son propre moteur. Assis entre ses deux roues comme entre deux planètes, le cycliste prend conscience de sa force en mesurant ses limites. Il va beaucoup plus vite que le piéton. Mais il ne peut pas en concevoir de l'orgueil ni se griser de sa liberté. Il paie de sa sueur toute accélération de vitesse, toute extension de son parcours.

A l'âge d'or de la bicyclette, les médecins et les journaux la considéraient comme une panacée. Elle activait la respiration. Elle oxygénait le sang. Elle développait les muscles. Elle terrassait la tuberculose. Elle encourageait l'esprit d'entreprise.

Les chefs-d'oeuvre et les vins révèlent leurs vertus en vieillissant. Il en est de même de la bicyclette. Elle apparaît aujourd'hui comme l'antidote moral de l'automobile. La bicyclette est une des rares inventions qui ne servent qu'au bien. Elle exerce l'humilité autant que les mollets. Elle donne à l'homme le sens du possible et du mérite en lui faisant payer chaque victoire d'un surcroît d'effort. Face à la civilisation mécanique, génératrice de robots, elle stimule l'initiative. L'automobile encourage l'apathie musculaire: la bicyclette exerce les muscles et fabrique des hommes forts, équilibrés et sages, comme tous ceux qui possèdent la vraie force.

Aux embouteillages causés par l'automobile, qui frapperont bientôt nos villes de paralysie totale, la bicyclette apporte son remède. Circulez à bicyclette: vous renforcerez votre santé et vous rendrez à la circulation sa fluiditié, tout en supprimant la pollution atmosphérique, due en grande partie aux gaz d'échappement des moteurs et qui rendront bientôt la vie impossible dans les grandes villes. L'humble bicyclette se venge aussi notamment dans les grèves de transport.

Paul Guth, Le Figaro

5 Too many dead rats

Mercier, le directeur, en avait trouvé une cinquantaine. Il se demandait cependant si c'était sérieux. Rieux pensait que le service de dératisation devait intervenir. Sa femme de ménage venait de lui apprendre qu'on avait collecté plusieurs centaines de rats morts dans la grande usine où travaillait son mari.

C'est à peu près à cette époque en tout cas que les citoyens commencèrent à s'inquiéter. Car, à partir du 18, les usines et les entrepôts dégorgèrent, en effet, des centaines de cadavres de rats. Dans quelques cas on fut obligé d'achever les bêtes, dont l'agonie était trop longue. Mais, depuis les quartiers extérieurs jusqu'au centre de la ville, partout où le docteur Rieux venait à passer, partout où les citoyens se rassemblèrent, les rats attendaient en tas, dans les poubelles, ou en longues files, dans les ruisseaux. La presse du soir s'empara de l'affaire, dès ce jour-là, et demanda si la municipalité, oui ou non, se proposait d'agir et quelles mesures d'urgence elle avait envisagées pour garantir ses administrés de cette invasion répugnante. La municipalité ne s'était rien proposé du tout, mais commença par se réunir en conseil pour délibérer. L'ordre fut donné au service de dératisation de collecter les rats morts tous les matins, à l'aube. La collecte finie, deux voitures du service devaient porter les bêtes à l'usine d'incinération des ordures, afin de les brûler. Mais, dans les jours qui suivirent, la situation s'aggrava. Le nombre des rongeurs ramassés allait croissant et la récolte était tous les matins plus abondante.

Albert Camus, La Peste

6 An accident

Le matin, le brouillard était si épais que j'ai hésité à partir: j'avais tout mon temps. Mais la ville était rébarbative et j'ai pensé que loin de la rivière les brumes se dissiperaient. En fait j'ai roulé pendant deux heures à travers d'aveuglantes vapeurs, tous feux allumés, rasant le talus. Par moments, un morceau de paysage se dévoilait, doré par le soleil, et il me semblait beau, simplement parce qu'il était visible. Et puis la lumière a brillé. J'ai suivi l'autostrade, d'Avallon à Auxerre, que j'ai dépassée. Il était tôt, je n'allais pas vite, j'étais contente de rentrer et j'organisais mon après-midi: soudain, comme après un tournant j'abordais une côte, j'ai vu un camion-citerne, d'un rouge agressif, qui dévalait vers moi: j'étais à gauche de la route. A peine avais-je eu le temps de penser: 'Il va faire quelque chose', le choc avait eu lieu, et j'étais indemne. Le camionneur est descendu et m'a fait de violents reproches: j'avais pris mon tournant trop vite; heureusement qu'il allait lentement et qu'il avait pu se déporter sur sa gauche, sinon il m'aplatissait.

    Tout un rassemblement s'était déjà formé autour de moi. Je n'avais qu'une idée en tête: 'Je trouverai bien un train qui m'amènera à Paris avant sept heures'. Des infirmiers sont arrivés, portant une civière; j'ai refusé de m'y étendre, ils ont insisté; j'avais un peu de mal dans le dos et j'ai pensé qu'il serait prudent de me faire examiner; ça ne serait sûrement pas long. On m'a emportée. J'ai constaté que mes bras et mes genoux étaient en sang. Une fois étendue sur un lit, la tête a commencé à me tourner. On m'a radiographiée: j'avais, dans le dos, quatre côtes cassées. Un docteur m'a fait un point de suture à la paupière et, après anesthésie locale, plusieurs au genou. Je me suis sentie vraiment fatiguée. Je ne pensais plus à rentrer immédiatement à Paris.

Simone de Beauvoir, Tout compte fait

12 / Use of French

7 The A13 cowboys

NB *Proper names and words in italics should not be translated.*

Ni victime ni casse. Simplement de la frayeur. Au volant de quatre autocars des chauffeurs chauffards 's'amusaient' l'autre nuit, sur l'autoroute de l'Ouest, à faire la course, à faire peur.

En effet, toutes les nuits, à 22h.25, les cars de la *C.F.T.A.* (*Chemins de fer et transports automobiles*) quittent les usines Renault de Flins. Ils ramènent à Paris la dernière équipe d'ouvriers (l'usine ferme ses portes jusqu'à six heures du matin). Ceux-ci, des travailleurs émigrés en majorité, occupent une quinzaine de véhicules. Presque toutes les nuits, entre Flins et le tunnel de Saint-Cloud, sur une autoroute dégagée qu'ils prennent pour un circuit, ces cars se suivent à vive allure. Cette nuit-là quatre d'entre eux au moins se sont surpassés. Compteurs bloqués, ils ont roulé de front sur les trois voies, réclamant le passage à coups de klaxon et d'appels de phares, slalomant entre les voitures, faisant des queues de poisson à celles qui ne dégageaient pas assez vite.

Affolés, des automobilistes s'étaient rangés sur la voie d'urgence. En effet, d'autres cars s'annonçaient à l'horizon. La police a reçu cinq appels téléphoniques. Ce 'rodéo' s'est terminé après le tunnel de Saint-Cloud devant un barrage léger de police. Vérification de papiers. On assista alors à une singulière manifestation des passagers, Nord-Africains pour la plupart, exigeant que les papiers soient restitués aux chauffeurs. Les policiers ont cédé sous le nombre.

'Nous ne pouvions pas les verbaliser, car nous n'avions reçu aucune plainte', ont-ils dit. 'Quand nous les avons arrêtés, ils roulaient à une allure normale.' Néanmoins le commandant de la police de Saint-Cloud appellera les témoins du rodéo à se faire connaître. Et la direction de la *C.F.T.A.* sera mise en demeure de sermonner ses chauffeurs.

Francis Puyalte, *Le Figaro*

8 Japan takes up the challenge

En 1853, la flotte de guerre du commodore Perry franchit en force le détroit de Nagasaki. Les 'marines' débarquèrent. Les ports de ce pays agricole et féodal devront s'ouvrir au commerce international.

Un siècle plus tard, en 1968, on découvre avec stupeur que le Japon est devenu 'le troisième grand'. C'est qu'il a relevé le défi du commodore Perry: il s'est mis à penser autrement. Il a préparé sa revanche en se mettant à l'école de ses maîtres. Il a envoyé sa jeunesse étudier dans les universités américaines et européennes; excellé dans l'art d'exploiter les brevets et procédés occidentaux; acclimaté chez lui le Parlement anglais, le budget américain, la police et les gymnases prussiens, l'horlogerie suisse, les roulements à bille suédois, l'optique et le droit commercial allemands.

Le Japon remportera un tel succès, avec si peu d'atouts! Sur une surface qui n'est égale qu'aux deux tiers de celle de la France, 80% du territoire est inhabitable, 16 à 18% seulement sont cultivables. Typhons, raz de marée, tremblements de terre font partie de la vie quotidienne, et parfois la bouleversent. La multiplicité des îles, le relief rendent les communications difficiles. Les ressources sont médiocres: charbon rare et mauvais; presque pas de pétrole ni de gaz naturel; peu de minerais. Le Japon ne connaît en abondance que la soie et le poisson.

Or, en moins d'un siècle, il devient un vrai laboratoire de croissance. Il fournit à plus de 100 millions d'habitants les trois quarts de leur nourriture. En 1976, sa production industrielle équivaut à celle de l'Allemagne fédérale et de la France réunies; ou à celle de tous les autres pays d'Asie, y compris la Chine et la Sibérie soviétique. Il est dans le monde le premier constructeur de navires marchands, de motocyclettes, de machines à coudre, d'appareils photographiques, de microscopes, de transistors.

Alain Peyrefitte, Le Mal français

9 The Deep South on the small screen

Après *Dallas* il était difficile de trouver une série pouvant retenir l'attention d'un nombre estimable de téléspectateurs. Heureusement il y avait en réserve *La Plantation*, série américaine tirée de deux romans de Lennie Colman. Deux metteurs en scène Virgil Vogel et Harry Falk ont assuré la réalisation.

Il s'agissait en fait d'une entreprise ambitieuse, tant par les décors qu'elle nécessitait que par le nombre de rôles à distribuer, 139 comédiens et 7 000 figurants. On rechercha d'abord dans le Sud des Etats-Unis des paysages correspondant à ceux du roman et une ville d'époque. Le choix se porta sur les rivages du Mississippi et sur la ville de Natchez, l'une des rares localités à n'avoir pas été trop défigurées par le modernisme. Il a tout de même fallu dissimuler les poteaux téléscopiques, les panneaux de publicité, déverser dans les vieilles rues quelques camions d'ordures.

L'action s'étendant sur quatre époques distinctes, le couturier connut de sérieuses difficultés pour rassembler les costumes, d'autant que la plupart des stocks se trouvant dans les anciens studios d'Hollywood avaient été dispersés. On dut faire appel aux femmes de Natchez qui ressortirent des malles, où ils étaient précieusement conservés, les vêtements de leurs arrière-grand-mères. Il fallut néanmoins créer quelque deux mille costumes d'après ces modèles. Autres difficultés: on fut obligé de tourner durant l'hiver l'histoire qui se déroule en plein été. Une scène de mariage ayant lieu en janvier, le producteur fit venir par avion des milliers de fleurs qu'on disposa dans la campagne sur les buissons et les arbres. Le résultat fut, paraît-il, suffisant.

Bien entendu, en un temps et dans une région où régnait l'esclavage, les noirs tiennent dans cette série un rôle important. Certaines associations reprochèrent au producteur de présenter sous un jour trop favorable leurs conditions de vie. Quelques séquences furent alors supprimées.

Jean Calmé, Le Figaro

10 A French Resistance leader checks on an arms cache in a prehistoric cave

Au début de 1944, les Allemands ayant mis la main sur l'un de nos parachutages, j'avais inspecté pour la première fois les cachettes de tous nos maquis. Certaines contenaient les armes destinées aux volontaires qui nous rejoindraient à l'annonce du débarquement. Les grottes sont nombreuses en Périgord, et par des échelles de fer placées pour les touristes de naguère nous montions retrouver notre matériel enfoui. Mais la plus vaste grotte de Montignac était souterraine, et la cachette éloignée de l'entrée. Nous possédions des torches électriques puissantes, car la nuit était tombée, et ceux qui s'étaient perdus là étaient morts. La tranchée devient si étroite que nous n'y passâmes plus que de côté. Elle tournait à angle droit. Sur le roc qui semblait nous barrer le passage, apparaissait un vaste dessin. Je le pris pour un repère de nos guides, et projetai sur lui le faisceau de ma torche. C'était un enchevêtrement de bisons.

A Font-de-Gaume, les peintures préhistoriques étaient estompées. Ces bisons, au contraire, marquaient le roc comme un sceau, d'une netteté d'autant plus singulière que les parois étaient d'énormes pierres lisses, tantôt gonflées et tantôt creusées, non comme des rochers mais comme des organes. Cette triperie pétrifiée à travers laquelle on se glissait, semblait les entrailles de la terre. Le bison, s'il n'était pas un repère, l'avait peut-être été, quelque vingt mille ans plus tôt. Toute caverne souterraine suscite l'angoisse, parce qu'un éboulement y ensevelirait les vivants. Ce n'est pas la mort, c'est le tombeau; et le bison donnait à ce tombeau une âme énigmatique, comme si, pour nous guider, il eût resurgi de la terre sans âge. Au-dessus de nous, passaient peut-être les patrouilles allemandes, nous marchions vers nos armes, et les bisons couraient sur la pierre depuis deux cents siècles.

Malraux, Anti-mémoires

11 The American way of death

Le savoir-vivre américain prétend moins à l'action qu'aux ruses de la parole et du silence. Il convient de déguiser son ressentiment, de taire ses maladies, de maquiller sa vieillesse. Rien d'étonnant si la mort elle-même se travestit ou s'efface pour ne pas offusquer la sérénité des vivants. Aussi bien l'étiquette funéraire se propose-t-elle de donner le change en débarrassant de leur morbidité les rites et les lieux. Le deuil passe de mode et d'invisibles convois se transportent par magie dans de charmants cimetières, verdoyants comme des terrains de golf. Quant aux maisons de pompes funèbres, ce sont de confortables maisons qui surenchérissent sur l'extravagance ou la sobriété des demeures particulières. Le bois blanc, la pierre ou la brique, la moquette de nylon, les fauteuils *club* ont eu raison du marbre poussiéreux et des vitrines désolées.

Parallèlement à cette reconversion du décor, les quinze périodiques de l'industrie funéraire ont entrepris une pittoresque révolution linguistique. Ainsi l'entrepreneur de pompes funèbres s'est couronné directeur, baptisant son commerce salon funéraire, maison, chapelle. En 1951 on décida que le magasin de la maison funéraire où s'alignent les divers modèles de cercueils, s'appellera désormais non plus arrière-boutique, ou salle d'exposition, mais salle de sélection. Bien d'autres locutions se sont imposées: voiture professionnelle au lieu de corbillard; tributs floraux au lieu de fleurs et couronnes. On ne meurt plus, on quitte la scène, on va chercher l'ultime récompense, on prend la route de l'Ouest. Il ne sera jamais plus question du prix d'un cercueil, mais du montant de l'investissement dans le service.

Roger Kempf, *How nice to see you!*

12 Problems facing French education today

Il existe, non moins dans les écoles privées que dans les écoles publiques, quelques grands problèmes pratiques et concrets à résoudre.

Celui de la démographie d'abord. La natalité a baissé, les Français ont déménagé. Il y aura bientôt trop d'enseignants pour les élèves à encadrer. Il faudrait aussi revoir les problèmes de l'enseignement professionnel: car il est vrai que certains lycées d'enseignement professionnel publics sont beaucoup plus mal lotis que leurs concurrents du privé, lesquels bénéficient des taxes d'apprentissage versées par les entreprises.

Mais quand cela sera fait, restera l'essentiel: se demander pourquoi l'école, en France, est un tel échec. La preuve: la quantité de jeunes qui cherchent à s'y échapper, qui attendent impatiemment d'avoir 16 ans pour fuir un système ne débouchant ni sur un acquis culturel ni sur une réelle formation professionnelle. Et si le marché du travail se montrait plus accueillant, ils seraient bien plus nombreux à vouloir s'esbigner au plus tôt – les enseignants le savent.

Les 'déchets' de la machine scolaire, comme dit une triste expression, sont considérables. Voilà un problème qu'on ne résoudra pas en subventionnant les écoles privées, ou en prônant la panacée de l'école unique jusqu'à la fin de la scolarité obligatoire. Et si l'on veut à toute force nationaliser, c'est les écoles publiques qu'il faudrait d'abord nationaliser. Car ces écoles ne sont plus les écoles de la nation. Les parents, quand ils y pénètrent, ont le sentiment d'y être à peine tolérés, ou de servir de simples renforts pour les combats que veulent mener les syndicats des enseignants.

Jacques Duquesnes, *Le Point*

13 The need to achieve

A Erié, dans l'Etat de Pennsylvanie, quatre cent cinquante ouvriers se trouvent en chômage à la suite de la fermeture d'une usine. La plupart reste chez eux pendant quelque temps, attendant qu'on leur propose une place. Quelques-uns, du jour même où ils sont congédiés, commencent à chercher. Ils courent les bureaux de placement, exploitent systématiquement les petites annonces, se renseignent auprès de leur syndicat, de leur paroisse, se documentent sur des cours de formation professionnelle pour apprendre un nouveau métier, prospectent même les places qui les obligeraient à quitter leur ville. Pour tous ces ouvriers, même situation; même besoin de nourriture, d'argent, d'un emploi sûr. Pourtant, seule une minorité d'entre eux manifeste des initiatives pour obtenir ce dont elle a besoin.

Cent autres cas montrent que les hommes se classent en deux groupes distincts: ceux pour qui toute situation représente un défi et qui se donnent du mal pour le relever; et ceux qui ne s'en préoccupent pas tellement. Mac Clelland appelle ce mobile, *the need for achievement*, le besoin de réaliser: c'est un désir de bien faire, non pas pour acquérir prestige ou considération sociale, mais pour atteindre à un sentiment intérieur de réussite personnelle.

Cette avidité de réussir, que j'aimerais mieux nommer: l'instinct de dépassement, marque la plus grande différence de l'homme avec l'animal. L'animal est gouverné par l'instinct de répétition. Depuis que les fourmis ou les abeilles, les serpents ou les castors, les loups ou les cerfs sont apparus sur la terre, tous les individus répètent l'espèce; et le comportement de chaque espèce se répète. L'homme, au contraire, entend l'appel de l'instinct de dépassement. Se dépasser soi-même. Dépasser les comportements routiniers. Dépasser ce qui semblait l'humaine condition.

Alain Peyrefitte, *Le Mal français*

Sample Examination Questions

1 **Translate into English**

Cinquante-trois mille hectares de bois disparus dans les flammes: voilà le lourd bilan des incendies de forêt en France en 1979. Pour combattre ce danger, les pouvoirs publics annoncèrent, l'année suivante, un renforcement des moyens en matériel et en hommes. Toutefois, la sauvegarde du patrimoine forestier dépend toujours des citoyens.

La majorité de ces incendies furent dus à l'imprudence humaine – piqueniqueur qui alluma un réchaud dans un sous-bois, campeur qui laissa traîner au soleil des papiers gras, citadin qui, dans sa résidence secondaire, fit un feu d'herbes dont une brindille enflammée s'envola au loin. Plus que jamais s'impose à l'attention le panneau «Attention au feu!» qui jalonne les routes forestières.

Le grand public sera d'autant plus en éveil qu'il prendra mieux conscience de cette richesse nationale qu'est la forêt française. Contrairement à une opinion courante, celle-ci s'agrandit. Si elle avait regressé avant la seconde guerre mondiale, elle n'a cessé de s'accroître depuis 1946. Elle offre aux citadins un lieu de promenade, de détente, de silence. Les poumons s'y purifient, l'esprit médite dans cette cathédrale de verdure.

University of London, A level, June 1983

2 **Translate into English**

Ce fut une erreur de ma part d'imaginer que j'étais seul sur la trace de l'homme au chapeau vert. Le silence que la neige avait étendu sur la ville m'empêchait sans doute d'entendre des pas derrière moi, mais c'est une bien mince excuse pour quelqu'un qui se vante d'avoir été un bon éclaireur. Jamais je n'avais songé à assurer mes arrières et c'est en traversant la rue pour inspecter l'immeuble où le «chapeau vert» venait de pénétrer que j'aperçus la silhouette d'une femme en train de tourner l'angle de la rue. Elle courait dans ma direction. La neige tombait dru et je me rabattis vers une encoignure de porte. De ma cachette je vis la femme hésiter devant le numéro 4, jeter un coup d'œil dans le hall, puis s'engouffrer carrément dans l'immeuble numéro 6.

Dès qu'elle eut disparu, je retraversai la rue et pénétrai à mon tour dans l'immeuble. Elle m'avait distancé d'un étage et débouchait sur le deuxième palier lorsque je sentis une main se poser lourdement sur mon épaule.

— Alors, Monsieur Delaunay, on s'intéresse à la vie privée des Bulgares?

Je me retournai. Deux policiers me toisaient d'un air narquois. Je pouvais toujours faire celui qui ne comprend pas, mais les policiers étaient parfaitement renseignés sur mon compte.

— Nous sommes navrés, dit l'un d'eux, mais vous devez nous suivre tout de suite...

— Je ne crois pas avoir enfreint les lois de ce pays...

— C'est ce que nous verrons, monsieur, fut la réponse.

Guy Tesseire (adapted)
University of Cambridge, A level, June 1983

---

3 **Translate into English**

Au cours des années qui viennent, les nations à technologie avancée devront vouer des ressources importantes à l'assainissement de leur environnement physique et à l'amélioration de la qualité de la vie. Par contre, cette même technologie avancée, nous dit-on, risque de menacer la liberté de choix de l'individu.

L'idéal démocratique, c'est d'avoir sur le plan individuel le choix le plus large possible. Mais bon nombre d'écrivains prévoient un avenir que les progrès de la science et de la technologie rendront encore plus standardisé que le présent et où l'homme perdra progressivement sa liberté de choix. Il serait difficile de nier que l'industrialisme a eu un effet d'uniformisation. La possibilité qui est la nôtre de produire des millions d'unités identiques est le couronnement de l'ère industrielle. Cependant, la société de demain offrira non plus un éventail réduit de produits standardisés, mais, au contraire, la plus grande collection de biens et de services qu'aucune société ait jamais vue.

Voilà ce que les critiques de la société contemporaine n'arrivent pas à comprendre: ce n'est qu'à son premier stade que la technologie impose la standardisation. L'automation, en revanche, ouvre la voie à une infinie diversité. Lorsque la production, complètement automatisée grâce à l'électronique, atteindra sa capacité maximale, il sera aussi rentable de fabriquer un million d'objets différents qu'un million d'objets identiques. La seule limite à la production et à la consommation sera alors l'imagination de l'homme.

Oxford Local Examinations, A level, June 1983

2 Reading Comprehension

General

There are four necessary steps:

1 Go through the text carefully, to get as much as possible of the whole meaning. It is better not to be too concerned with finding the answers to particular questions until you have done this.
2 When you are able to find your way about the text, start locating the portions of the French text which appear to be relevant to the questions, keeping a careful eye on the exact wording of the English question.
3 Compose your answer. It will depend on the nature of the material whether your answer comes out in the form of a translation, a summary or a paraphrase of the original.
4 Check back, after all this, that your answer does fit the question.

NB Use only the material given. Don't invent, or deduce (unless asked to).

It is not usually obligatory to compose your answer in complete sentences (but check if your board has any instructions about this).

Worked Example

In the example, numbers have been inserted in the margin of the text, indicating the area in which the material for the answer to the corresponding question is to be found.
Study the following passage, and then answer the questions below in English.

'Scientific' socialism in the factories

    Un socialisme scientifique étudierait positivement, dans la ligne des sociologues de travail, les méthodes d'amélioration de la vie des entre-
1 prises, la psychologie des travailleurs. Il étudierait l'exemple du Japon et de son 'miracle économique'. Il nous expliquerait comment le Japon, autour des années 60, a récusé le modèle américain pour renouer avec ses
2 traditions et les adapter au progrès technique. De là, un système très original de production, du moins dans les grandes unités, faisant de l'entreprise une véritable communauté de travail (emploi à vie, avan-
3 cement à l'ancienneté, comme dans la fonction publique, faible écart des rémunérations).
    Le Japon est un cas à part, dirait-on. Mais chez nous aussi, les choses commencent à changer. Il faut partir d'un premier fait: la désaffection
4 d'un grand nombre de salariés, en particulier chez les jeunes, à l'égard du travail. Plus instruits qu'autrefois, ils n'acceptent plus, même en période de chômage, n'importe quel emploi. Aujourd'hui ce fait s'aggrave,
5 comme atteste le nombre croissant de malfaçons, de rebuts, de produits non vendables au sortir de l'usine. D'où le recours aux immigrés pour les
6 tâches inférieures, ce qui n'améliore ni la qualité des produits ni le climat des entreprises.
    Cette désaffection à l'égard du travail est renforcée par une mentalité
7 qui se développe de plus en plus avec l'accroissement des loisirs, le retour à la nature (l'écologie), le goût du bricolage, etc. On réclame d'avoir 'le temps de vivre', plus d'initiative dans son travail, etc. C'est ici, sans doute, l'une des chances de notre temps, de redonner aux salariés un
8a certain goût au travail en leur accordant une part de responsabilité dans l'organisation de leur tâche.
    Ainsi en est-il de l'horaire mobile, qui entraîne à son tour un changement important, car il implique nécessairement une entente avec les autres participants pour assurer la production voulue dans un délai
8b fixe, en dépit des variations d'horaire pour chacun. Dès lors l'entreprise tend à redevenir un ensemble humain, où d'équipe en équipe, d'échelon
8c en échelon se dégage un consensus, un climat de coopération, qui permet

une amélioration de la production, à la place de la détérioration notée plus haut.

Dans le même esprit d'assouplissement, certains souhaitent l'extension du travail à temps partiel, beaucoup plus développé à l'étranger. Un auteur comme M. Michel Albert se fonde sur le fait qu'un million et demi de travailleurs à temps complet accepteraient, pour avoir 'le temps de vivre', une réduction égale de leur salaire et de la durée de leur travail (selon une enquête du Ministère du Travail) pour proposer d'offrir aux travailleurs occupés, de partager leur salaire et leur emploi avec des chômeurs, l'Etat allouant aux uns et aux autres une prime de 40%, dépense moins élevée que les allocations actuelles de chômage.

André Piettre, *Le Figaro*

Qu. 1 What three lines of investigation are recommended with regard to this sociological problem?

Answer: *les méthodes d'amélioration de la vie des entreprises*
ways of improving factory life

la psychologie des travailleurs
workers' psychology

l'exemple du Japon
the example of Japan

Qu. 2 What guidelines did the Japanese set themselves in the sixties?

Answer: *récusé le modèle américain*
reject the American pattern

renouer avec ses traditions...les adapter au progrès technique
re-establish the link with their traditions and adapt them to technological progress.

Qu. 3 Give three aspects of Japanese employment practice which are mentioned in particular.

Answer: *emploi à vie*
job for life/lifelong employment

avancement à l'ancienneté
promotion on seniority

faible écart des rémunérations
small pay differentials

Qu. 4 What general change of attitude towards jobs has been noted among French employees?

Answer: *ils n'acceptent plus, même en période de chômage, n'importe quel emploi*
they will not accept any sort of job, even if they are unemployed/ even if they have no work

What effect has this had...

Qu. 5 on the factory products?

Answer: *nombre croissant de malfaçons, de rebuts, de produits non vendables au sortir de l'usine*
increasing number of duds, rejects and unsaleable products coming out of the factories

Qu. 6 on the composition of the labour force?

Answer: *le recours aux immigrés pour les tâches inférieures*
immigrant labour brought in for the lower-grade jobs

Qu. 7 What other factors increase this general aversion to factory work?

Answer: *l'accroissement des loisirs*
more leisure time

le retour à la nature (écologie)
the back-to-nature urge/interest in ecology/protest against the advance of technology

le goût du bricolage, etc.
popularity of D.I.Y. and similar activities

On réclame d'avoir le 'temps de vivre', plus d'initiative dans leur travail
demand to have more time to live one's own life, to be allowed more personal initiative at one's work

Qu. 8 In what ways are some concerns trying to increase job satisfaction?

NB This answer will require summary and co-ordination of three passages.

8a The general idea.

Answer: *donner aux salariés...l'organisation de leur tâche*
to give employees more interest in their job by allowing them a share in organising their work

8b To achieve this; the introduction of flexible working hours; its effect.

Answer: *l'horaire mobile...implique...une entente avec les autres participants... l'entreprise tend à redevenir un ensemble humain*
flexible working hours require mutual co-operation between members of the team, and the factory becomes more of a human entity

8c Wider effects of the above.

Answer: *où...se dégage un consensus, un climat de coopération*
from which evolves a consensus in decision-making and a co-operative atmosphere

24 / Use of French

Suggested summary answer to the original question:
> 'By giving employees more say in the organisation of their work, especially by the introduction of flexible working hours, and by encouraging team-work; both of these foster mutual co-operation and a sense of participation in decision-making.'

Qu. 9   What brief labels would you give to the two measures envisaged in the last paragraph?

Answer: *travail à temps partiel*
part-time work

offrir aux travailleurs occupés de partager leur salaire et leur emploi (avec des chômeurs)
job-splitting/job sharing (between employed and unemployed)

Qu. 10 How would the latter arrangement work out financially for the workers, and for the State?

Answer: *l'Etat allouant...allocations actuelles de chômage*
the State would pay an extra allowance of 40% on top of the half-wages of both sides, which would cost less than the present rate of unemployment benefit.

Passages for Reading Comprehension

1 Two master-crimes of Gérard Dupré

Study the following passage, and then answer the questions below in English.

Flash-back sur le premier crime de Dupré. Le 5 mai à 21 heures deux hommes se présentent au domicile de M. Patrice Bruneau, sous-directeur de la Société Générale d'Auchan. Ils exhibent des cartes de police, puis pénètrent en force dans la maison ainsi que trois autres complices. Là, tranquillement, un des malfaiteurs déclare qu'il sait que M. Bruneau a les clés de la banque, qu'ils vont tous passer une nuit tranquille sur place mais qu'à l'aube ils s'attaqueront au coffre.

A six heures du matin, trois des bandits partent avec le sous-directeur. Deux autres vont rester à garder sa femme et sa fille en otages. Ils pénètrent à deux dans la banque tandis qu'un troisième s'enferme dans une cabine téléphonique et reste en liaison permanente avec ceux qui sont de garde au domicile du banquier. A 8h.15 et à 8h.45 le comptable et la femme de ménage arrivent. On les ligote. On les enferme dans un bureau. A 9 heures c'est la caissière qui se présente, munie comme à l'habitude des clés des coffres, et c'est aussitôt le pillage. 1 480 000F sont raflés, et tandis que toute l'équipe décroche, la famille Bruneau se retrouve en liberté dix minutes plus tard.

Pour ce crime-là, après de rigoureuses enquêtes, Dupré a été arrêté et mis en prison. Mais il n'a rien avoué. Son seul aveu fut sa fameuse évasion de cette prison, par hélicoptère. On connaît la suite. Gérard Dupré a été repris ainsi que ses complices de l'évasion. Mais ce qu'on connaît moins c'est de quelle façon. Dupré et ses complices avaient fort bien conçu cette évasion en hélicoptère en puisant leur inspiration dans un film de série B américain et en fournissant une version à la française. Mais les compagnons de Dupré avaient voulou raffiner encore le procédé. Descendus dans un hôtel de second ordre sans standard automatique, ils avaient alors pensé qu'ils pourraient par la suite être repérés. D'où l'idée de choisir un palace, là où l'on peut avoir une ligne directe. Mais ce qu'ils ignoraient c'est que ces standards automatiques inscrivent tous les numéros d'appel. La police n'eut plus qu'à retrouver les fiches et opérer un banal travail de recoupement.

Pierre Bois, *Le Figaro*

1 Where did the criminals go on the first evening?

2 How did they gain entry?

3 What did they tell M. Bruneau?

4 At 6 a.m. the next morning what did three of the criminals do? What was the duty of the other two?

5 What was the job of the third criminal at the bank?

6 Who were the first victims to arrive, and what happened to them?

7 What had given Dupré and his accomplices the idea for the escape from prison after the first crime?

8 Where did his accomplices first set up their headquarters?

9 Where did they move to, and why?

10 Why was this a mistake?

2 Trends among French holidaymakers, 1982

Study the following passage, and then answer the questions below in English.

C'est la ruée vers le littoral: 19 millions de vacanciers attendus cet été. On a beau promouvoir les charmes de la campagne et les bienfaits de la montagne, les Français veulent aller voir danser la mer le long des golfes clairs.

26 / Use of French

Et la pollution? Et les murs de béton? Et la surpopulation? 500 000 personnes présentes en même temps sur les 100 km de plages de la côte varoise, soit cinq individus au mètre? Tant pis. 50% des Français en vacances vont à la mer. Pour se baigner? La direction de *Villages Vacances Familles*, une organisation qui reçoit 600 000 personnes par an, a effectué une enquête dans ses villages balnéaires. Cinquante pour cent des adultes fréquentent la plage, 20% se mouillent, 5% seulement savent nager. 'C'est par besoin d'espace', disent-ils, 'que nous choisissons la mer, et parce que les jeunes s'y sentent plus heureux.'

Depuis quinze ans, on annonce l'explosion de la cellule familiale. Il y aura, cet été, 25% d'adolescents dans les *V.v.f*. 'A partir du moment où on trouve ses copains, des activités, partir avec les parents n'est pas une corvée. Au contraire, on s'entend mieux au bord de la mer.'

Quels sont les rivages les plus courus cette saison? Ceux de la Corse: 30% d'augmentation par rapport à 1981. Explication des responsables du Club Méditerranée de l'île de Beauté: 'Sous la pression de la crise, les gens qui avaient l'habitude de partir au loin se replient sur la France, et la Corse, c'est la France avec l'exotisme en plus.'

En fait, si la Corse est la mieux aimée, elle le doit autant à la crise qu'à son soleil. Les taux de fréquentation du littoral ces dernières dix années – 10% d'augmentation sur la Manche, 30% sur l'Aquitaine, 50% sur la Méditerranée que l'on croyait saturée – montre que le soleil est un critère déterminant de choix.

Pourtant, quand on interroge le public, l'absence de pollution est jugée plus importante que la présence du soleil. Déjà, au nom de la forme, l'envie de vacances 'où l'on fait quelque chose' pointe derrière le goût des vacances 'quelque part au soleil'. Auparavant, dit-on au Club Méditerranée, on voyait les Gentils Membres, sitôt débarqués de l'avion, s'affaler sur la plage et n'en plus bouger jusqu'à l'heure des buffets. Maintenant, ils sont pris d'une frénésie d'activité. En plein midi, au Sénégal ou à la Martinique, ils se ruent sur les courts de tennis.

'Les vacances d'hiver à la montagne ont donné le goût de l'animation en été', constatent les responsables d'Havas qui éditent *Douce France*, le plus important catalogue de voyages consacré à la France.

L'Express

1 Three factors are listed which might deter the French from taking their holidays by the sea. What are these factors?

2 What statistics are given for beach occupancy in the *département* of the Var?

3 Among the adult visitors to the *Villages Vacances Familles* who were questioned, what proportion a) go on the beach b) enter the water c) swim?

4 What reasons did these people give for choosing the seaside for their holiday?

5 Despite recent trends, there is a sizeable proportion of teenagers holidaying in the *Villages* with their families. What do the teenagers say about this?

6 What explanations are given for the popularity of Corsica?

7 Explain how the statistics given for various areas show that 'sun' is the deciding factor in many holidaymakers' choice.

8 What, on the other hand, are many holidaymakers now demanding even more than sun?

9 What changes in holiday routines have been noted by the Club Méditerranée?

10 How do the publishers of *Douce France* explain this trend?

3 School for detectives

Study the following passage, and then answer the questions below in English.

Un bon détective doit ressembler à un caméléon: c'est la devise de l'école Normill. Il change de couleur en fonction du milieu. Il s'adapte au terrain, et sait voir sans être vu. Porter un imperméable réversible, et, dans sa poche, une cravate. La voiture sera de couleur neutre, avec glaces teintes, appuie-tête, serrures électromagnétiques et pneus bien gonflés. 'On travaille énormément sur les trottoirs.' La nuit, le détective planqué ne fume pas. Dans sa voiture, à portée de main, il aura toujours des annuaires et des pièces de monnaie – pour téléphoner – une moustache postiche, des lunettes, une paire de jumelles, un carnet, des bottes, un bip-bip micro-émetteur à fixer sur le pare-chocs de la voiture à filer et des poudres de perlimpinpin pour relever d'éventuelles empreintes digitales. C'est très facile: je l'ai fait. Il suffit d'avoir un pinceau, une solution iodée ou une poudre réactive, noir animal, argentoratum ou minium, et une loupe pour analyser l'empreinte. Enfin, si vous cherchez le privé, vous le trouverez toujours dans 'l'angle mort'.

Aux débutants, on donne à suivre des 'cibles' choisies au hasard, dans la rue. 'Celui-là, en pantalon beige, sac en bandoulière...Allez-y.' Je marche sur le bord du trottoir, entre les arbres et les voitures. Je fais semblant de regarder une vitrine. Attention, il faut que je note tout: les magasins dans lesquels il entre, à quelle heure, à qui il adresse la parole. Il faut que je retienne son signalement. Voir s'il porte une alliance. Sans me découvrir. Je me suis habillée sobrement d'une jupe grise et d'un pull noir. Sous le bras un chemisier blanc que j'enfile de temps à autre pour changer de couleur. Quand on fait une 'filoche', on découvre à quel point les gens déambulent de façon incohérente. Ils s'arrêtent brutalement, et, soudain, pressent le pas. Mon homme – de 30 à 35 ans, de 1m 70 à 1m 75, corpulence moyenne, signes particuliers: lunettes à

28 / Use of French

fine monture métallique, habillé d'un blouson rouge foncé, d'un polo rayé vert et bleu, d'un pantalon gris et chaussant des baskets blanches...me promène depuis trois quarts d'heure dans le quartier Montparnasse. Peu à peu je le connais par cœur. Le moindre geste qu'il esquisse, la moindre hésitation de ses pas pèsent une tonne. J'ai la gorge nouée. Pourquoi fait-il demi-tour? Pourquoi traverse-t-il la gare pour en ressortir aussitôt? Et s'il m'avait repérée? Les gens qui me croisent ne sont plus que des obstacles à ma vue, ou des paravents me dérobant à la sienne. Mon 'filet' et moi, nous sommes seuls au monde. Lui me paraît de plus en plus suspect et, moi, je mènerai ma filature jusqu'au bout, comme on me l'a enseigné: impuissance et mégalomanie du voyeur.

Jacqueline Rémy, *L'Express*

1 In what respect should a private detective resemble a chameleon?

2 What device does the detective use to enable him to follow another car?

3 What is the beginner's first exercise in detection?

4 What details of the quarry must the detective enter in his notebook?

5 What is surprising about the behaviour of a person being tailed?

6 What features of the 'suspect's' behaviour alarm the novice detective?

7 How does the novice detective feel about the other people in the street?

4 Sixty bomb alarms over the weekend

Study the following passage, and then answer the questions below in English.

Comme toujours après un attentat spectaculaire ou sanglant, dans les jours qui suivent, vient le temps de la psychose, de la fausse alerte. A Paris, il y a encore quinze jours, les standards téléphoniques signalaient une vingtaine de fausses alertes quotidiennes. Pour les 18 et 19 septembre les policiers ont été contraints de vérifier soixante alertes. Toutes fausses. Parmi elles, bien sûr, beaucoup émanaient de gens sincèrement inquiets devant tel paquet suspect, telle voiture bizarre. D'autres provenaient de maniaques, ces mauvais plaisants qui profitent toujours des circonstances pour donner libre cours à leur bêtise. Les policiers se demandent pourtant si certaines de ces fausses alertes ne sont pas l'œuvre d'individus cherchant à les détourner de leur vraie tâche dans un but bien précis.

En tout cas, dès vendredi dernier, juste après l'attentat de la rue Cardinet, on 'avait entendu un homme et une femme discuter en arabe avant de monter dans une voiture qui démarra en trombe'. Heureusement un témoin de la scène avait pu relever le numéro. C'est vrai que ces gens auraient pu être des terroristes, auraient pu être les poseurs de la bombe de la rue Cardinet. Ce n'était pas le cas. Mais un appel général était diffusé dans tout le pays. Le couple était rapidement retrouvé – il ne se cachait pas – et mis hors de cause après plusieurs heures d'interrogatoire dans les locaux de la police. Il s'agissait d'un représentant de la Ligue arabe et de son épouse syrienne qui avait eu le 'tort' de garer leur voiture près de la 504 du diplomate israélien.

    Dimanche soir ce sont les gares d'Austerlitz et de Saint-Lazare qui ont été la cible des maniaques de l'alerte à la bombe. Pendant près d'une heure les deux gares ont été paralysées. La police les a fait totalement évacuer, ainsi que les trains en partance. Ceux qui devaient arriver en gare ont été stoppés en cours de route. Une fouille méticuleuse, qui a mobilisé plusieurs dizaines de policiers, n'a permis de découvrir aucun engin explosif. Pour la seule gare d'Austerlitz un agent de la S.N.C.F. a indiqué que trois mille voyageurs avaient été évacués ou avaient subi des retards allant jusqu'à une heure.

E. F., *Le Figaro*

1 To what is the spate of false alarms attributed?
2 What was the previous 'normal' figure for false alarms?
3 Give two examples of objects that could be reported by people genuinely alarmed.
4 What, according to the police, was probably the purpose of those who deliberately caused false alarms?
5 What suspicious incident was reported on the Friday?
6 How did the police react on this occasion?
7 Who did the people involved turn out to be, and what had they done to arouse suspicion?
8 What two measures did the police take as regards the trains at the Austerlitz and Saint-Lazare stations?
9 What else did the police do, and with what purpose?
10 What statistics did the railway staff give about the effects of police action taken at one of the stations?

5 Worker-ownership in the USA

Study the following passage, and then answer the questions below in English.

Le nombre d'entreprises rachetées par leurs employés pour éviter la fermeture augmente rapidement aux Etats-Unis. Selon les dernières estimations, près d'un millier d'entreprises américaines de plus de dix salariés, certaines comptant plusieurs milliers d'employés, appartiennent en majorité à leurs employés, ce qui représente plus de 500 000 salariés.

'En réalité, la possession du capital d'une entreprise par ses employés ne résulte généralement pas aux Etats-Unis d'un effort de dernière minute pour éviter la fermeture de l'entreprise', déclare M. Corey Rosen, directeur de l'Association pour la propriété des salariés. Beaucoup plus souvent, les employés sont devenus majoritaires dans le capital de leur entreprise grâce à un 'plan de propriété' qui, sous le nom d'ESOP (l'Employee Stock Ownership Plan), a suscité ces derniers temps un intérêt accru. Sous ces plans, l'entreprise contribue à un fonds spécial possédant une certaine part du capital de la société. Ce fonds appartient aux salariés de l'entreprise proportionnellement à leur paie et à la durée de leur emploi dans la société.

Aujourd'hui, ces plans permettent aux employés de posséder la majorité du capital d'entreprises aussi importantes que Dan River & Co (textile), Weirton Steel (sidérurgie), Pamida (commerce de détail), Science Application (recherche), ou Rath & Co (viande).

'Presque à chaque fois, la propriété de l'entreprise par les salariés entraîne une amélioration de ses résultats', souligne M. Rosen. Une étude de l'université de Michigan a ainsi montré que les sociétés possédées par leurs employés réalisaient des profits supérieurs de 50% à ceux des autres, que leur productivité augmentait deux fois plus vite, et que pourtant elles créaient trois fois plus d'emplois.

Les promoteurs de ces plans de propriété ouvrière réfutent les craintes des syndicats, en soulignant que le système ESOP, institué par la loi, permet aux employés de devenir propriétaires de l'entreprise sans avoir à la payer.

Pourtant, même les partisans de ces plans de propriété ouvrière reconnaissent que bien souvent, les règles des fonds spéciaux sont telles que les employés, tout en possédant la majorité du capital, ne disposent pas de droit de vote. Seulement 30% des plans existants donnent réellement aux employés le contrôle de leur entreprise, et donc un réel intérêt à sa bonne marche.

Autre critique fréquente: les plans de propriété sont parfois pour les dirigeants d'entreprise l'occasion de demander aux employés des concessions salarielles 'afin de sauver, ou d'augmenter le taux de profit de leur entreprise'. Ainsi les employés de Chrysler, le troisième fabricant automobile américain, qui a failli fermer ses portes en 1980, ont-ils consenti depuis deux ans des réductions de salaire importantes. En contrepartie, ils recevront prochainement 20% du capital de leur société. L'action Chrysler, qui valait 3 dollars en 1980, en vaut 25 aujourd'hui.

L'exemple le plus souvent cité en faveur des plans de propriété est celui de la compagnie aérienne People Express, dont le tiers du capital appartient aux salariés qui y décident de la manière d'organiser le travail. Depuis quelques années, cette compagnie connaît la croissance la plus rapide des compagnies aériennes américaines, et sa valeur a décuplé.

Le Figaro

1 What figures are given to show the growth of worker-ownership in the USA?

2 What are the main points of ESOP?
3 What five types of business are represented by the companies cited here?
4 What statistics emerged from the study made by the University of Michigan?
5 What argument has been used to allay trade union suspicion?
6 To what extent does worker-ownership also mean worker-control?
7 What concessions do workers often have to make in exchange for their share of control of the business?
8 How did the mutual arrangement turn out, on balance, for the Chrysler employees?
9 Why is People Express such a shining example of the success of worker-ownership?

6 Population figures and economic growth

Study the following passage, and then answer the questions below in English.

Les Français n'ont pas encore admis la corrélation entre la croissance démographique et la croissance économique. Comment, se disent-ils, rendre la stagnation démographique responsable de la stagnation économique, alors qu'une démographie galopante ruine l'essor des pays sous-développés? Tout pénétrés du dogme de l'égalité des peuples, ils répugnent à admettre que la démographie exerce des effets inégaux suivant l'état d'avancement des sociétés.

Un pays sous-développé fait ses premiers pas dans la voie du développement. Les progrès sanitaires protègent d'abord les versants les plus fragiles de la vie, l'enfance et la vieillesse. La proportion des personnes actives diminue, le revenu disponible pour les investissements se réduit, le rythme du développement est freiné.

Au contraire, dans les pays qui ont effectué leur décollage économique, l'accroissement de la population stimule l'activité économique. Parce que les conditions nécessaires au développement sont réunies, un fort excédant des naissances sur les décès entraîne un renouvellement incessant des besoins et des goûts. Pour combien a compté, dans les deux miracles économiques de l'après-guerre, un défi de population! L'Allemagne de l'Ouest a absorbé treize millions de réfugiés venus de l'Est; la plaine du Pô a accueilli trois millions d'immigrants, venus du *mezzogiorno*. Pour relever les défis de la vie, ces pays se sont plongés dans la vie.

L'inconscient des Français refuse des réalités. Il conserve, profondément enracinée, la certitude que la croissance démographique entraîne le chômage et la misère. 'Plus il y a de bouches à nourrir, moins on se nourrit'. Nous gardons la mentalité d'un pays sous-développé, surpeuplé par rapport à ses ressources.

Mais, on a des enfants quand on ne doute pas de leur avenir. Les Français croient-ils? Nous ne croyons très fort qu'à nos craintes.

Alain Peyrefitte, Le Mal français

1 How do the French justify their refusal to believe that static population figures are a cause of economic stagnation?

2 What factor do they thereby fail to take into account?

3 What is the initial effect of improved medical facilities on the population of underdeveloped countries?

4 How does this retard economic development?

5 In countries which have 'taken off', on the other hand, how has population growth stimulated the economy?

6 What two countries or regions does the author give as areas of post-war 'economic miracle'?

7 What were the sources of population growth for these?

8 In what way have the French retained 'the mentality of an underdeveloped country'?

9 Why, according to the author, are the French reluctant to have children?

7 Labradors in the Elysée Palace

Study the following passage, and then answer the questions below in English.

La Nationale d'élevage du retrievers club vient de se dérouler près de Paris. Cent quarante-cinq chiens concouraient; plus des deux tiers des participants étaient des labradors. Pourquoi cette race est-elle aussi célèbre?

Au XVIIIe siècle, dans l'est du Canada, vivaient des grands chiens noirs à poils longs qu'on appelait des 'chiens de Saint-John'. Ces chiens appartenaient aux pêcheurs et les aidaient dans leur travail: robustes, grands nageurs, ils sautaient des barques dans l'eau glacée, prenaient dans leur gueule les filets pleins de poissons et les amenaient jusqu'au rivage. Un lord britannique, le comte de Malmesbury, fut séduit par les qualités de nageur et de 'retriever' de ces chiens. Il en acheta quelques-uns, les emmena en Angleterre, où il se mit à les élever dans sa propriété du Dorset.

Cela se passait dans les années 1820–1830. A cette époque, en Grande-Bretagne, seuls les grands propriétaires terriens chassaient. La chasse était une véritable institution et l'on avait créé de merveilleux chiens, les setters (Gordon et Laverack) et surtout l'orgueil, le pur sang des chiens d'arrêt: le pointer.

Mais ces chiens, bons débusqueurs, rechignaient à rapporter le gibier; un 'retriever' leur serait un complément idéal. Voilà ce qu'avait pensé Lord Malmesbury, en voyant travailler les chiens de Saint-John. Il les baptisa labradors, du nom de leur pays d'origine.

D'autres élevages se développèrent dans le sud-ouest de l'Angleterre et on obtint un chien plus léger et à poil plus court, dont le 'standard' fut définitivement établi en 1903. Grâce à ses succès dans les épreuves en plein air, le labrador devint rapidement un chien recherché, et on le vit peu à peu participer aux grandes chasses au fusil partout en France.

Mais il devait rester inconnu du grand public avant de devenir le chien des présidents. Georges Pompidou avait un labrador. Valéry Giscard d'Estaing en eut plusieurs: filmés, photographiés, décrits dans les journaux, les 'labradors du président' deviennent des vedettes. Quand la reine Elisabeth offre Samba, un labrador noir de son élevage, à Giscard, personne n'est surpris: le labrador est devenu un chien symbole. Et quand on apprendra que François Mitterand a un labrador, Nil, on trouvera ça plutôt logique.

Au cours des quinze dernières années, le nombre des labradors a considérablement augmenté. Si ce chien est devenu aussi populaire, c'est surtout à cause de son intelligence et de sa grande gentillesse. D'allure débonnaire, très attaché à son maître, il est calme dans une maison et adore les enfants. Grâce à ses pattes palmées et à sa queue dite 'de loutre', qui lui sert de gouvernail, il nage à merveille et dans les eaux les plus froides, car son sous-poil enduit de sébum le protège parfaitement. Son odorat extraordinaire lui permet de retrouver le gibier dans les pires conditions, mais lui permet aussi de détecter la drogue, les armes et les explosifs quand il devient chien de gendarmerie.

Jean-Marie Montaron, *Le Figaro*

1 In the 18th century in Canada, what were 'labradors' called, and what did they look like?

2 How were they used at that time?

3 How did the breed arrive in England?

4 What extra quality did the labradors have as compared to setters and pointers?

5 What later developments took place in the breeding of labradors?

6 What information is given about French presidents owning labradors?

7 Why is the labrador so popular as a family dog?

8 Why is the labrador so good at retrieving from water?

9 What are labradors able to do as police dogs?

8 Notions of racial superiority examined
or The case of the mouldy flats

Study the following passage, and then answer the questions below in English.

Comment ne pas constater que toutes les nations avancées, Japon mis à part, sont peuplées d'hommes de race blanche? Et que, parmi elles, les pays à majorité d'Anglo-Saxons, de Scandinaves et de Germains sont particulièrement bien placés? La race blanche, et en son sein certains ethnies, seraient-elles donc plus douées que les autres races et ethnies pour la civilisation industrielle?

Cette explication ne s'écrit plus beaucoup. Mais elle se murmure. Or, les seules différences que la science, à ce jour, établisse entre les races sont anatomiques: pigmentation, couleur des yeux, forme du nez, du crâne, teinte des cheveux, taille. Des traits de caractère n'ont jamais pu être associés à ces particularités du corps.

En revanche, les expressions du racisme populaire sont éclairantes. Les défauts qu'il reproche aux hommes de couleur ressemblent à ceux que l'on reprochait aux prolétaires d'Europe voici un siècle. Ne les disait-on pas voleurs, paresseux, imprévoyants, menteurs? Histoires d'ouvriers jadis. Histoires de domestiques naguère. Histoires de Noirs, aujourd'hui encore. Mêmes situations, mêmes comportements, mêmes jugements.

Il reste vrai que la situation modèle le caractère. Même débarrassés du vêtement d'insultes, les défauts existent; ils sont liés au sous-développement économique et social. Mais on les voit disparaître, lentement, chez des travailleurs noirs dont le niveau de vie s'élève, comme ils ont disparu chez les travailleurs blancs.

Nous aimons tant classer, hiérarchiser! Les singularités physiques s'offrent, aussi simples et nettes que des frontières naturelles. La couleur de la peau, l'épaisseur des lèvres, la forme du nez, sont perçues comme les signes extérieurs de la culture, les portes et fenêtres des mentalités. On prend le signe pour la cause. Mais, le caractère d'une nation, sa culture, et pas ses traits biologiques, voilà qui fonde des différences si frappantes et si durables; voilà qui naît des coutumes, des idées reçues, des préjugés acquis, des valeurs de base, des principes organisateurs de la société.

Dans un nouveau quartier, on me signale que certains appartements 'pourrissent': ceux qu'habitent des Portugais et des Nord-Africains. Je vais inspecter les lieux. C'est vrai: une épaisse couche de moisissure couvre les murs. Sur le même palier, des appartements tout semblables sont intacts; des Français les habitent. 'Que voulez-vous, me dit-on, c'est la race. On n'y peut rien.'

Un architecte m'aida à trouver la solution. Les Portugais et les Nord-Africains, habitués à des températures plus clémentes, se calfeutraient l'hiver, posaient du papier collant sur les interstices. La condensation s'accumulait.

Alain Peyrefitte, *Le Mal français*

1 Summarise briefly the question that is posed in the first paragraph.
2 What is the present scientific view of the nature of racial differences?
3 What connection does this view refuse to make?
4 What historical parallels are drawn with the current popular prejudices about non-white people?
5 The author admits that the faults do exist. What does he suggest is the real cause of them?
6 What development reinforces this argument?
7 Where are we making a mistake in forming our ideas about non-white people?
8 What is pinpointed as being the real basis of differences and inequalities between races?
9 What was the curious feature of the case of the mouldy flats?
10 What was the explanation?

9 Collapse of the video market

Study the following passages carefully, and then answer the questions below in English.

Les Français boudent la vidéo. L'explosion annoncée, attendue, déjà programmée par toutes les études de marché, a fait long feu. On comptait sur un doublement des ventes de magnétoscope, elles ont baissé d'environ 60%. On avait calculé que deux millions de foyers seraient équipés à la fin de l'année, mais il s'en faudra d'au moins cinq cent mille, constatent les vendeurs, qui font profession d'optimisme. Et peut-être de beaucoup plus, assurent les maniaques de la statistique.

Premières victimes: les vidéo-clubs. Ils s'étaient multipliés comme des champignons après l'orage. Etudiants attardés, fils de famille oisifs, tout le monde se ruait sur la nouvelle mine d'or du petit commerce. Aucune qualification n'était requise. Il suffisait de louer une boutique, n'importe où, de disposer de deux cents à trois cents cassettes, au total un investissement de vingt mille à trente mille francs, et la magie des images en conserve, du dernier James Bond ou de la pornographie à domicile, toutes portes closes, faisait le reste. 'Dans ma rue à Poissy', raconte Danièle M., 'il y a une boutique de fringues. Elle avait fermé l'an dernier, pour laisser la place à un vidéo-club. Mais cette année, avec les beaux jours, j'ai vu revenir les fringues'.

Forcément. On estime à quatre mille le nombre des vidéo-clubs. Un pour deux cent cinquante magnétoscopes. Le parc n'augmente pas, les nouveaux clients, sur lesquels ils comptaient pour apporter de l'argent frais et renouveler leur stock ne sont pas venus. Obligés, pour garder les anciens, de leur offrir des nouveautés, ils ont donc acheté à crédit. Fin juin, les trois quarts d'entre eux étaient en cessation de paiement.

Les premiers coupables sont les Japonais. Ils avaient délibérément surestimé les possibilités du marché, la rapidité de son développement. Non sans arrière-pensée. En construisant d'énormes usines, capables de sortir un million de magnétoscopes par an, ils espéraient mettre à genoux les concurrents éventuels, incapables de s'aligner sur leurs prix, et s'assurer un monopole. Philips, qui a relevé le défi, sait ce qu'il lui en coûte. Car autour de la vidéo se déroulent, en coulisse, les grandes manœuvres d'une formidable guerre industrielle.

Le monde est fasciné par les prouesses de l'électronique et il a faim d'images, aucun doute là-dessus. Mais quelle forme d'image choisir et qui les fournira? On promet aux Français, pour l'an prochain, une quatrième chaîne de télévision, payante, mais qui leur coûtera tout de même beaucoup moins cher qu'un magnétoscope. On assure qu'on leur permettra de voir les nouveaux films, alors qu'un décret, pris par Jack Lang* au mois de janvier, oblige désormais à attendre au moins un an après la sortie d'un film en salle pour le reproduire sur sa cassette.

Il y a aussi la concurrence du microordinateur, avec toute sa panoplie de jeux électroniques, celle de la télématique, qui apporte à domicile informations et renseignements pratiques. Pourquoi se payer un magnétoscope individuel, puisque tous les foyers français seront bientôt reliés directement, par câble, aux fabricants et aux distributeurs d'images? Le gouvernement s'y est engagé, omettant seulement de préciser que la mise en place d'un tel réseau, très coûteuse, ne sera pas terminée avant la fin du siècle.

Le Nouvel Observateur

*French Minister of Culture

1 To what extent have the sales of video-recorders matched the forecast sales figures?

2 What kind of training and stock-in-trade are said to be necessary before one can open a video-club?

3 Why are three quarters of the video clubs in France now bankrupt?

4 How, according to the writer, did the Japanese hope to corner the video market?

5 How will television soon be damaging the video market?

6 What other three technological developments may also be threatening video?

7 What time-scale is foreseen officially for one of these developments?

10 A bumper harvest

Study the following passage carefully, and then answer the questions below in English.

Champagne qui pleure, Champagne qui rit...Les vendanges viennent de commencer sur les coteaux qui ourlent la montagne de Reims et qui descendent en pente douce vers la Marne, dans une euphorie générale. Pour la deuxième année consécutive, une récolte exceptionnellement abondante va remplir les pressoirs, un véritable miracle pour les viticulteurs, qui estiment revenir de loin.

Trois récoltes déficitaires s'étaient succédé en quatre ans (1978, 1979, 1980 et 1981): 'Accident naturel unique' assuraient les professionnels, 'provoqué par une accumulation rarissime catastrophique de gelées printanières, de périodes de froid humide, faisant 'couler la fleur de vigne', d'attaques de mildiou et de pourriture grise, jusqu'à des vents violents qui, en juillet 1981, égrenèrent littéralement les grappes nouvellement formées.

Conséquence logique, le niveau des stocks, vitaux pour la viticulture champenoise, puisqu'un vieillissement de dix-huit mois au minimum et de trois ans en général, est indispensable pour assurer la qualité du vin, était tombé dangereusement bas. De 575 millions de bouteilles avant la récolte de 1978, la plus faible depuis 1957, ils étaient tombés à 385 millions de bouteilles à la fin de l'été 1982.

Comme la bonne règle exige trois bouteilles en cave pour une expédiée, et que les producteurs, sagement, ne voulaient pas compromettre la qualité en abrégeant le vieillissement, ils s'étaient résignés à limiter les expéditions pour leurs clients français ou étrangers. Au printemps 1982, l'appréhension était grande en Champagne, où l'on craignait le pire.

Le résultat fut une récolte historique à l'automne 1982, avec le plus gros rendement jamais enregistré, un potentiel de 300 millions de bouteilles, et une excellente qualité, grâce à des conditions climatologiques idéales. Un véritable miracle qui permit de rétablir les stocks à 540 millions de bouteilles, soit 3, 7 fois les expéditions, au plus haut niveau depuis dix ans.

Pour l'année suivante, la vigne se trouvant, théoriquement, un peu 'fatiguée', les viticulteurs, forts de leur expérience, estimaient que la récolte serait moins abondante. Comme on l'a vu, ils se sont trompés. A nouveau, les conditions météorologiques ont été excellentes: la chaleur du mois de juin a permis une bonne 'nouaison' de la fleur, le soleil a brillé en juillet et en août, la pluie du début septembre a donné le jus, le froid a évité la pourriture grise, et le beau temps revenu ces derniers jours fit monter le taux de sucre.

Du coup, la qualité, un peu compromise, a des chances de redevenir très bonne, et voilà une récolte encore plus abondante que la précédente, en passe de déferler sur la Champagne, ajoutant 300 millions de bouteilles aux stocks: déjà les viticulteurs craignent de manquer de place, et on parle de remplir les piscines.

François Renard, *Le Monde*

1 What is the reason for the general euphoria in the Rheims area?

2 In what ways was the weather of the lean years disastrously untypical?

3 Why do the growers have to be careful not to let stocks run down?

4 What rule of thumb governs the maintenance of stock levels?

5 Why were the growers dubious about the prospects of the 1983 harvest?

6 What, in fact, happened?

7 Where could swimming pools come in?

11 The trees fight back

Study the following passage carefully, and then answer the questions below in English.

Il y a une dizaine d'années, quelques-unes de nos belles forêts françaises furent attaquées par une espèce de chenille verdâtre d'un pouce de long. Dans cette fin de printemps, les arbres prenaient rapidement des couleurs d'hiver, dénudés des racines aux cimes. Les plus maigres arbustes, les plus petits buissons de myrtilles, ne gardaient que leurs nervures. Tout était dévoré. Passer dans la forêt, c'était se heurter sans cesse à de visqueux fils invisibles au bout desquels se tortillaient bizarrement les voraces dévastateurs. On en sortait couvert, des chaussettes aux cheveux.

A la même époque, en Nouvelle-Angleterre, la même espèce craquait les bois à l'échelle américaine, si bien qu'il fallait, là-bas, dégager quelquefois au bulldozer routes et passages obstrués d'un épais tapis de chenilles enlacées. Effrayante poussée irrésistible d'une masse biologique qui couvrait l'espace et que rien ne semblait pouvoir arrêter.

Pourtant, après un certain temps, après qu'une fraction notable de la forêt eut prématurément viré aux tristes teintes d'une fin d'automne, un brusque changement s'est produit: les cadavres jonchaient le sol par milliards: la boue jaunâtre des corps écrasés maculait les souliers des promeneurs. On peut se demander pourquoi de telles attaques biologiques sur l'environnement, dues à d'effarantes explosions de population de prédateurs, cessent brusquement alors que rien ne s'oppose à l'assaut des petites bêtes affamées. C'est le végétal qui se défend: il réagit contre la risque d'extermination.

Tous les dix ans, environ, la population de lièvres arctiques en Alaska augmente dans des proportions vertigineuses. Ils mangent tout. Quatre lièvres par hectare dévorent 90% des jeunes pousses de bouleaux, de trembles, de peupliers ou d'aunes. Mais il réapparaît des tiges nouvelles, et celles-là, le lièvre, même affamé, n'en veut point. En effet, la composition chimique du mets délicieux est modifiée, il contient désormais beaucoup plus de terpène et des résines phénoliques. Il semble que, par temps froid, la consommation de ces résines provoque chez le lièvre un état de choc profond, par perte de sodium: la plante effectivement abat son prédateur. De même, le contenu en phénols et en tannins des feuilles de chênes attaqués par les chenilles augmente fortement et rapidement. Cela réduit beaucoup la croissance des larves, inhibe le développement ultérieur de l'insecte et, par là, limite sa population. Cette propriété peut persister quelques années, ce qui confère une protection durable aux victimes.

Le Monde Dimanche

1 Why did the French countryside in spring look like an autumn scene? What was the cause?

2 Why was a walk through the woods particularly unpleasant?

3 Why were bulldozers put to work in New England?

4 What sudden change took place in the American forests?

5 Why does the Arctic hare, after devouring 90% of the young trees, suddenly appear to lose his appetite?

6 What further evidence is adduced to suggest that the future of forest trees is less bleak than might have been supposed?

Sample Examination Questions

1 **Study the following passage (do not translate it), then answer the questions in English.**

En bouleversant le paysage politique, les élections présidentielles firent soudain comprendre que – silencieusement mais profondément – la société française avait bougé. En effet, nous avons assisté à un démantèlement progressif des blocs qui, pendant longtemps, l'ont figée. Notre pays s'est toujours caractérisé par l'ampleur des distances qui séparaient les individus, selon la catégorie à laquelle ils appartenaient. Ces distinctions existent toujours, mais elles se sont réduites. Les individus sont de moins en moins conditionnés par une appartenance unique, par une étiquette. Ils refusent de se voir imposer les normes et les intérêts d'un groupe.

Par exemple, après avoir été un pays essentiellement agricole, la France a connu la «fin des paysans». Cette mutation a créé une agitation des destins individuels qui, vue avec un peu de recul, donne le vertige. De 1968 à 1975, un Français sur trois a changé de commune, et près d'un sur dix a changé de région. Villages abandonnés, régions déséquilibrées, villes hypertrophiées... Tout cela est bien connu. Mais ces migrations accélérées n'entraînaient pas pour autant une mutation biologique des rats des champs en rats des villes. Les anciens paysans installés en ville conservent des attaches rurales. Beaucoup gardent des comportements, des modes de vie, des façons de se nourrir qui sont ceux de la campagne. Et une fois à la retraite, ils retournent au village.

En même temps le thème de la nature n'a jamais été aussi vivant. Emportés par la vague écologique, jeunes et moins jeunes rêvent de retour aux champs. Les «néoruraux» prennent la relève des paysans et tentent de redonner vie aux terres délaissées. Dans les villages, les «résidents secondaires» côtoient les agriculteurs et le dialogue s'ébauche tant bien que mal. Par-dessus les murs ou les haies, les uns et les autres s'épient, se défient – puis se copient. Le mode de vie des ruraux ressemble de plus en plus à celui des «urbains». On fait les courses dans les mêmes magasins, on achète les mêmes produits, on vit dans les mêmes meubles. Ainsi, le vieil antagonisme entre gens des villes et paysans s'estompe.

Autre «contre-société» de la France d'hier fortement ébranlée: le prolétariat. Longtemps les ouvriers se sont considérés comme des exclus. Soumis à l'éternelle oppression du capital et de la bourgeoisie, ils se voyaient condamnés à arracher par la lutte les moyens élémentaires de la survie et de la dignité. Ce sentiment de marginalité collective est loin d'avoir disparu, mais la classe ouvrière a été écartelée par l'évolution technologique. Une partie a été entraînée par l'essor industriel. Hautement qualifiés, bien organisés et bien rémunérés, les ouvriers des secteurs de pointe et des grandes entreprises industrielles se rapprochent, par leur niveau de vie et leurs aspirations, de la moyenne bourgeoisie. Parallèlement à cette évolution, une autre partie de la classe ouvrière connaît une situation de plus en plus précaire, subissant de plein fouet les aléas du développement capitaliste (immigrés, jeunes sans qualification, travailleurs temporaires, femmes passées sans formation de la ferme à l'usine...)

Ces mouvements en profondeur de la société française ont conduit au changement politique. Le parti socialiste a été l'expression de cette nouvelle société, à la fois plus floue et plus solidaire, travaillée par ce lent processus de fusion. Ses divergences internes et ses hésitations reflètent les contradictions de ses composantes sociales, attachées à l'héritage d'une vieille civilisation et avide d'accéder à la modernité. Elles montrent qu'un mouvement de cette ampleur ne peut se faire qu'à un rythme mesuré, par ajustements progressifs. Les Français ne veulent ni être coupés de leur passé, ni être frustrés de leur avenir.

1 What, according to the writer, was a significant result of the Presidential election campaign in 1981, and what evidence, in his view, supports the claim?

2 To what extent do people's attitudes now seem to have changed in comparison with the recent past?

3 What, according to the writer, was the impact of the rural exodus in the sixties and seventies, and what was the effect on the people involved?

4 Express briefly the main ideas in lines 25–33 (from 'Les "néoruraux"' to '...s'estompe.')

5 What seems to have characterised the working class in the traditional patterns of French society?

6 Explain clearly the effects on the working class of the technological revolution.

7 What, according to the writer, has been the result on the working class of the social changes in France?

8 What, in his view, is the main characteristic of the new society which is emerging?

9 In what sense are there 'contradictions' in the movement towards a new society, and what conditions are most likely to result in success?

University of London, A level, June 1983

---

2 **Read the following passage carefully; *do not translate*. Then answer the questions *in English*, basing your answers only on the material given in the text.**

L'institution d'un service civil en France – pour ceux qui refusent le service militaire – remonte à un débat parlementaire de 1965. Le statut des objecteurs de conscience est défini par le code du service national. Ils ont un mois, avant leur incorporation, pour demander le bénéfice de ce statut. Seuls les motifs philosophiques et religieux sont en principe pris en considération. Sur plus de 260 000 appelés, les objecteurs de conscience sont en moyenne de 500 à 600; et 300 ou 400, soit plus de la moitié, sont admis au service civil. Jusqu'en 1972, les objecteurs avaient le choix, pour effectuer leur service, entre un assez grand nombre d'organisations. Un décret a resserré   10 le système, en confiant toute la gestion du service civil à une dépendance à l'Office national des forêts. C'est lui qui prend en charge environ 80 pour cent des objecteurs. Les autres sont confiés, selon leurs aptitudes, à des bureaux d'aide sociale et à certains services culturels.

Soumis à l'Office des forêts, ils travaillent en pleine nature, à des tâches d'entretien et de surveillance, ou de bûcheronnage, mais aussi à des travaux d'étude ou de laboratoire. Les syndicats sont mécontents de cette main d'œuvre à bon marché et non syndicable. Pour leur seconde année de service, pourtant, les objecteurs peuvent choisir sur une liste: hôpitaux, aide aux immigrés, aide sociale sous diverses formes. Les activités culturelles s'effectuent au profit de fouilles archéologiques, d'entretien de monuments, etc.

Les mouvements d'objecteurs revendiquent actuellement une plus grande liberté de choix et plus de souplesse dans l'application, qui passe cependant pour libérale. Mais la controverse échappe à l'opinion, et le service civil ne fait pas parler de lui, car il n'est pas permis de lui faire de la publicité. Le code de service national ouvre encore d'autres portes à ceux qui ne veulent pas d'un service armé: la défense civile, la lutte contre le feu, les inondations et la pollution.

L'aide aux territoires d'outre-mer et la coopération technique et culturelle dans le tiers monde, surtout en Afrique francophone, est une autre option privilégiée choisie, chaque année, par 4 000 jeunes gens, et il y a toujours plus de demandes que d'offres, de la part d'enseignants, d'ingénieurs, par exemple. La 'bonne place' dont on rêvait, parfois décevante, dure aussi deux ans.

Et ailleurs? En Allemagne de l'Ouest, les jeunes qui accomplissent ce qui s'appelle maintenant simplement 'service civil' sont employés à 99 pour cent dans le secteur de l'aide social: camps de réfugiés, services de secours routier, aide individuelle aux personnes âgées ou aux handicapés. Ils reçoivent un salaire égal à solde des conscrits. En Italie, la durée du service civil est de huit mois plus longue que celle du service militaire normal (douze mois). Il en découle que tous ceux qui se déclarent objecteurs de conscience le sont à cent pour cent. Ils sont 600 à 700 par année; les trois quarts d'entre eux sont originaires des régions septentrionales de la péninsule.

1 What are we told about the establishment and definition of the 'service civil' in France?

2 What are the numbers involved?

3 What were the consequences of the change which took place in 1972?

4 What are the conditions of, and objections to, work in the 'Office des forêts'?
5 What are the possibilities for the second year of service?
6 What are we told about present debate on the subject?
7 What alternatives are mentioned?
8 What opportunities exist for 'service civil' outside France?
9 What are we told about the position in Germany?
10 What are we told about the position in Italy?

Oxford and Cambridge, Schools Examination Board,
A level, July 1979

3 Summary

General

A summary is, in effect, a précis and has basically the same requirements, as far as the content is concerned. In order to keep to the limits of length imposed, and to avoid omitting what is vital, it is absolutely necessary to think how one can express in the simplest and shortest way where the argument is leading, what are the main conclusions being drawn from the facts and statistics given, or, in a narrative piece, what the main lines are on which the scenario develops. The device of selecting apparently key sentences from the text and stringing them together in a series of verbatim quotes rarely works, and is in any case discouraged by most examination boards.

The ideal advice, as the summary has to be composed in French, would be to do all your thinking *in French*. If you are unsure of your ability to do this, little harm will come if you go through some kind of translation (and re-translation) process in the mind. But remember that you are not pursuing the meaning of each word, as in a translation exam, but are searching, rather, for what the sentence/paragraph is getting at. You can then jot down, in English if absolutely necessary, what seems to be the gist of each section. This is what has been done in the worked example below. Whether you are composing your answer directly in French, or via English, it is wise to keep your constructions simple, and to use the text as a source of vocabulary. (*Il va sans dire:* Don't use any words that you couldn't translate.)

In the worked example that follows, the passage selected is complex and rather long, simply to show how much one can simplify and condense without missing the point, and how not to be overwhelmed by a mass of words and figures.

Worked Example

De nouvelles chances pour les dirigeables

Summarise the main points of the following passage in 100–150 words in French. Write the number of words you have used at the end of your answer.

1   'Skyship 500', le nouveau 'bateau du ciel' construit par une firme britannique, a levé, dans le ciel de Farnborough, la malédiction qui pesait sur les dirigeables depuis un demi-siècle. Deux catastrophes avaient laissé dans l'esprit du grand public et celui des officiels des traces indélébiles condamnant sans appel le développement des dirigeables. La première s'était produite le 4 octobre 1930. Le R 101, parti de Cardington avec 54 passagers à son bord, dont le Secrétaire d'Etat à l'aviation, Lord Thomson, pour rallier les Indes, s'écrasait en flammes près de Beauvais: 48 des 54 passagers mouraient carbonisés. Le 6 mai 1937, le Zeppelin 'Hindenburg', gloire de l'aéronautique allemande, brûlait comme une torche au terme d'une confortable traversée transatlantique. Plus que le nombre des victimes (62 survivants sur 98 passagers), ce furent les images de l'embrasement instantané de l'énorme vaisseau aérien, calciné en quelques minutes, qui s'inscrivirent dans les mémoires.

2   La relève de l'hydrogène par l'hélium, gaz inerte et ininflammable, n'a pas effacé dans l'opinion le handicap qui pèse sur le mot 'gaz' toujours synonyme de catastrophes, d'explosions d'immeubles ou de suicides.

3   Peu de gens savent que durant toute la Seconde Guerre mondiale des dirigeables gonflés à l'hélium ont assuré la protection des convois partant des Etats-Unis vers l'Europe. Aucun bâtiment de convois ne fut coulé par les sous-marins allemands depuis leurs ports d'attache jusqu'au méridien de Cape Farewell. L'ensemble des missions effectuées par ces dirigeables représente, pour les quatre années de guerre, 600 000 heures de vol, 32 millions de kilomètres escortés. S'appuyant sur cette expérience, l'U.S. Navy a maintenu en service jusque dans les années soixante des dirigeables souples équipés de radar 'd'alerte avancée' et poursuivit en même temps ses essais sur les vols par mauvaises conditions météorologiques.

4   Aujourd'hui, l'accroissement galopant des coûts de construction et d'exploitation des navires de surface modernes et des avions de patrouille maritime donnent une nouvelle chance au dirigeable. La destruction de navires aussi sophistiqués que le 'Sheffield' durant la guerre des Malouines a démontré l'importance vitale pour une flotte de combat de plusieurs appareils spécialisés dans l'A.E.W. (détection des avions volant très bas grâce à un radar aéroporté).

5   Le nouveau dirigeable 'Skyship 500' pourrait répondre à cette demande et couvrir un certain nombre de missions en temps de paix et en temps de

guerre. Le 'Skyship' va nettement plus vite (100km/h) qu'un bateau affecté à la surveillance maritime et consomme cinq fois moins de carburant pour des performances plus élevées. Dans les missions de contrôle exercées sur la zone économique des 200 nautiques, il fournirait un appoint non négligeable. A titre indicatif, un dirigeable volant à 38 nœuds peut explorer une zone d'environ 460 000 mètres carrés en 72 heures. Un navire de surface disposant d'un radar d'une portée de 20 nautiques, en avançant à 15 nœuds, mettrait 19 jours pour explorer la même zone.

Pierre Darcourt, Le Figaro

NB The above passage has been broken up into numbered paragraphs, corresponding to what appears to be each phase of the argument. This is a useful procedure before composing the answer, but you have to do it yourself!

For ease of reference the same numbers have been used in the Notes and the Suggested Answer.

Notes

1 Pass over the theatrical details of mass incineration. The point being made is indicated near the beginning in the sentence beginning *'Deux catastrophes...'*. It is that up till now the public had remained convinced that airships were dangerously inflammable.

2 This paragraph makes in vivid terms the point that even the introduction of non-flammable helium hasn't exorcized the ghost of gas explosions (*n'a pas effacé le handicap...ou de suicides*).

3 Two facts, not easy to condense:
   (a) successful use by Americans of helium-filled airships for offshore protection of convoys in World War II (sentence beginning *'Peu de gens savent...'*)
   (b) continuation of experimental use of airships, now equipped with early-warning radar, on naval patrol duties (*L'U.S. Navy a maintenu en service...radar d'alerte avancée*)

4 This paragraph draws the argument together and gives two good reasons for *'une nouvelle chance au dirigeable'*:
   (a) warships and aircraft have become terribly expensive (*l'accroissement galopant des coûts...patrouille maritime*)
   (b) warships are very vulnerable to low-flying aircraft carrying radar. They need *'plusieurs appareils spécialisés dans l'A.E.W.'* (English acronym for Advanced Early Warning)

5 A further advantage of the airship.
   Don't quote the detailed statistics. Broken down, they show that the airship could perform this early-warning and reconnaissance role in a much more cost-effective way –
   faster than a ship *(va nettement plus vite (100km/h) qu'un bateau)*
   uses less fuel *(consomme cinq fois moins de carburant)*
   covers a larger area in the time *(un dirigeable volant…en 72 heures, un navire…pour explorer la même zone.)*

Suggested answer

1 Un nouveau dirigeable a été construit en Grande-Bretagne. Jusqu'ici, par la suite de deux catastrophes, les dirigeables retenaient la réputation d'être extrêmement dangereux.

2 La relève de l'hydrogène par l'hélium n'a pas complètement apaisé la peur inspirée par le mot 'gaz'.

3 Cependant les Américains ont employé avec un succès total des dirigeables gonflés à l'hélium pendant la Seconde Guerre mondiale pour sauvegarder les convois contre les sous-marins allemands près de la côte de l'U.S.A. Ils ont continué des expériences avec des dirigeables équipés de radar jusque dans les années soixante.

4 Aujourd'hui, le grand coût de construction de navires et d'avions de patrouille et l'importance d'appareils capables de la détection des avions volant très bas donnent une nouvelle chance au dirigeable.

5 Celui-ci pourrait remplir ce rôle, en consommant beaucoup moins de carburant et en explorant une zone beaucoup plus grande dans un temps donné.

(143 words)

Passages for Summary

1 L'assistance qui paralyse

Summarise the following passage in French, reducing it to about one third of its original length.

Une fois qu'on a donné aux citoyens et aux élus une mentalité d'assistés, il ne faut pas s'étonner qu'ils ne veuillent plus rien entreprendre sans assistance.
   Au XVIIIe siècle on sentait la différence entre les Français, qui comptaient

sur l'Etat, et les Anglais qui ne comptaient que sur eux-mêmes. Les Anglais, depuis quelques années, ont bien changé. Après avoir montré, depuis trois siècles, un si vif esprit d'initiative et de responsabilité, ils ont fait après la guerre l'expérience que cet esprit s'alanguissait à l'ombre de l'Etat-Providence.

Je connais un routier qui aime beaucoup son métier à la belle saison. Mais comme il trouve désagréable de conduire des camions l'hiver, par le froid, le brouillard et le verglas, il s'inscrit au chômage chaque année en octobre et prend six mois de vacances jusqu'à Pâques; puis il reprend le volant pour six mois.

Ce cas, certes, n'est pas la règle. Mais il n'est pas non plus l'exception. Il marque une limite, celle des inconvénients que présente une excessive prise en charge de l'individu par la collectivité. L'Etat ne peut donner que ce qu'il reçoit; et il reçoit moins si l'individu lui consent moins d'efforts qu'il n'en déploierait pour lui-même.

On a beaucoup parlé des juifs qui quittent l'URSS pour gagner Israël, attirés par la liberté, la terre de leurs ancêtres, la voix du sang. Mais on parle moins du retour en URSS de certains juifs déçus. C'est pourtant leur cas qui est peu banal. Pourquoi retourner, non sans risques de représailles, dans un pays qu'on a fui? Pourquoi choisir, en toute liberté, contre la liberté?

J'ai interrogé en Israël quelques-uns de ces émigrés qui s'apprêtaient à repartir. Leur réponse est déconcertante. Prendre des initiatives, chercher tous les matins dans les petites annonces, trouver soi-même son travail, son logement, se retrouver seul en face de soi, c'est angoissant. Après un demi-siècle d'un régime qui prend soin de tout, vous entoure, vous guide, vous paie du berceau à la tombe, comment s'habituer au travail sans filet? Quand on est devenu wagon, comment se passer de rails et de locomotive?

(350 approx) Alain Peyrefitte, *Le Mal français*

2 Une clinique psychiatrique pour chiens

Summarise the following passage in French, reducing it to about one third of its original length.

Roger Mugford, un vétérinaire britannique, anime depuis quatre ans à Londres une 'clinique psychiatrique pour animaux familiers'. Avec un succès évident puisqu'il traite de vingt à cinquante cas par semaine. Une expérience qui lui permet de tirer des conclusions étonnantes sur ses patients, des chiens dans 90% des cas. 'Le motif de consultation le plus fréquent, c'est l'agressivité', explique-t-il, soulignant que la cause réelle de l'agressivité constatée chez ses malades remet bien des idées en question. 'Il arrive que celle-ci provienne d'un mauvais dressage, mais seulement dans une minorité de cas. Beaucoup plus souvent, si un chien devient méchant, l'expérience montre que c'est à la suite d'un excès d'amour de la part du maître. C'est l'attachement à l'homme qui est mal vécu, parce que ce dernier n'a pas su donner de limites à l'animal. Exemple: lorsqu'un chien a toute sa vie eu le droit de dormir dans le lit, de manger à table, parfois même dans l'assiette de son maître, il lui arrive de "craquer"'. Scénario fréquent: à voir ses maîtres partir sans lui – même pour quelques heures – il finit par ne plus supporter ce qu'il considère comme incompréhensible. Cela peut se traduire par la vengeance que constitue le saccage des meubles, mais aussi par l'ultime tentative pour attirer l'attention que représente la morsure au moment de l'abandon.

A cet égard, Roger Mugford estime que nombre d'accidents résultent du manque de connaissance de la part du maître: 'La première tentative de morsure, très souvent, n'est qu'un signal, sans véritable danger. C'est le réflexe de peur de l'homme qui stimule certaines réactions chez le chien, et l'amène à réellement attaquer, suivant une escalade au déroulement hélas classique', affirme-t-il, concluant que beaucoup de chiens réputés mordeurs sont ainsi tout à fait normaux, et parfaitement inoffensifs si l'on respecte certaines règles de conduite avec eux.

Autre idée reçue à réviser, celle portant sur les races réputées dangereuses. 'Il est beaucoup plus rare d'avoir à traiter des dobermans ou des bas-rouges que d'autres chiens plus familiers, tel surtout le cocker qui, statistiquement, apparaît nettement comme le plus agressif', révèle Roger Mugford. 'Il n'y a qu'en France que l'on ne prenne pas encore au sérieux cet aspect de l'éthologie', déplore pour sa part Jean-François Larue, un vétérinaire de Rennes qui participe au 'Groupe d'étude du comportement des animaux familiers et de leurs anomalies'. Un groupe qui vient de réunir soixante-dix chercheurs dont l'objectif, à terme, est d'établir une complète psychologie des chiens et des chats pour remédier à certaines formes d'agressivité ou de mauvais comportement, tels la malpropreté en appartement.

(435 approx) *Le Figaro*

3 L'urbanisme sans cœur

Summarise the following passage in French, reducing it to about one third of its original length.

Quand le paysan rentre chez lui, la journée finie, on peut croire qu'il éprouve un contentement en découvrant, au tournant du chemin, le porche de sa ferme. De même, le citadin fatigué, lorsqu'il a passé le coin de sa rue, et aperçoit la carotte lumineuse de son bureau de tabac familier, à dix mètres de sa porte, dit un petit bonsoir à l'épicier, et désigne sa fenêtre au camarade qu'il ramène pour le dîner: 'C'est là chez moi'.

Mais l'habitant des grands ensembles, bloc huit, escalier quatorze, onzième étage, porte dix-neuf, ne voit pas en rentrant des boutiquiers sur le pas de leur porte à qui dire bonsoir, n'a pas d'amitiés au café du coin, et n'éprouve pas

50 / Use of French

l'envie de dire: 'C'est là chez moi' en désignant la vingt-septième et la vingt-huitième fenêtre de la rangée numéro onze, sur l'immense façade, là-haut, à trente mètres.

Son appartement – étroit certes, parce que l'espace est un luxe qui coûte de plus en plus cher dans la société moderne – est sans doute assez bien agencé, avec ascenseur, chauffage généreux, vide-ordures, tourne-disques ou télévision, et de petites merveilles électriques pour faciliter les travaux de ménage. Mais, à peine celui qui l'occupe a-t-il franchi le pas de sa porte, le voilà aussi perdu que dans une ville étrangère. L'accablante indifférence de l'univers assiège de toutes parts les vingt-cinq mètres carrés qui lui sont alloués pour manger, aimer, dormir, rêver peut-être.

Nos architectes, qui dressent les plans de leurs vastes constructions selon leur esthétique personnelle, et selon les données économiques et techniques qui leur sont proposées en termes d'utilisation de l'espace, de rentabilité, de confort matériel, consultent parfois le médecin hygiéniste. Mais prêtent-ils l'attention qu'il faudrait aux données psychologiques fondamentales, aux lois héritées des origines qui régissent le comportement des êtres vivants? Le logement, pour les hommes, c'est mieux que le gîte pour les bêtes des bois, mais c'est d'abord cela.

Qui se sent encore chez soi, une fois franchie la porte de l'appartement dans les 'blocs' des 'grands ensembles'? Ce qui explique le malaise, l'espèce d'angoisse dont on parle tant, c'est précisément cela: la destruction de l'accord biologique fondamental de l'individu avec le milieu, avec un environnement qui, même dans la vie citadine, gardait naguère quelque chose de naturel.

(410 approx)   Thierry Maulnier, *Le Figaro*

4 Un animal domestique

Summarise the following passage in French, reducing it to about one third of its original length.

Comme chaque année, des milliers de chiens et de chats ont été laissés à l'abandon au moment des vacances. Les cœurs sensibles s'émeuvent. Les Français aiment les bêtes. Ils défendent les bébés phoques. Et notre pays détient le record pour le nombre d'animaux domestiques par habitant. Vous en doutez? Il suffit de marcher sur nos trottoirs pour en recueillir la preuve.

Une des mes amies, Antoinette, qui est célibataire, a décidé de meubler sa solitude, tromper son ennui, déverser son trop-plein d'affection. Bref, de recueillir un animal domestique. Antoinette est un esprit original. Elle ne s'est pas contentée d'un chien, d'un chat ou d'un canari. Elle est allée chercher fort loin un animal qui devient rare en France, mais qui prolifère dans certains pays étrangers au point qu'on ne parvient plus à les tous nourrir.

Au début, l'acquisition rapportée par Antoinette ressemblait à n'importe quel animal domestique: elle se roulait sur le dos, agitait ses quatre membres et

manifestait lorsqu'elle avait faim ou soif. Mais, bientôt, buvant le lait que mon amie lui donnait, elle prit assez de vigueur pour se déplacer à quatre pattes. 15
C'était un plaisir de contempler le petit animal qui se mouvait dans la maison. La célibataire s'appliquait à le dresser. A force d'affection, de mots tendres et de petites tapes, il venait quand on l'appelait.
Un jour même, l'animal parvint à se dresser sur ses pattes de derrière. S'agrippant à un meuble, il conservait quelques instants la station verticale 20 avant de retomber et de courir à quatre pattes. Encouragé par sa maîtresse, il se tenait debout de plus en plus longtemps. Un soir Antoinette m'appela. Elle m'annonça d'une voix émue: 'Il marche!'
C'était un étonnant animal qu'elle avait recueilli. Tout le monde en convenait. On venait pour le contempler. On battait des mains pour applaudir 25 ses exploits lorsque, chancelant, il avait traversé une pièce sur ses pattes de derrière.
Si le sujet de notre admiration parvenait, en émettant des sons, à exprimer ses besoins élémentaires, l'étonnant animal allait faire mieux encore. Antoinette, avec une admirable patience, lui répétait dix fois le même vocable. Au point 30 que la gorge de l'animal réussit à articuler certains mots, sommaires tout d'abord, puis de plus en plus clairs, au point de finir par former une amorce de langage simple, mais compréhensible. Un matin, mon amie m'annonça, enthousiaste: 'Il parle!'
Comme un enfant. 35

(400 approx) Jean-Michel Barrault, *Le Figaro*

5 L'Alsace se lance dans la culture de l'ail

Summarise the following passage in French, reducing it to about one third of its original length.

Introduite à titre expérimental il y a un an, la culture de l'ail, une plante 1 habituellement cultivée dans le Sud et le Sud-Ouest, remporte un succès croissant en Alsace. Alors que seuls, deux agriculteurs bas-rhinois se sont lancés dans cette culture l'an dernier sur deux hectares chacun, cette année, ils sont au nombre de dix-sept avec quinze hectares et l'an prochain, on en prévoit 5 vingt-quatre avec vingt-cinq hectares.

Les raisons de ce succès sont essentiellement liées à la rentabilité de cette culture. Avec une productivité moyenne de huit tonnes à l'hectare, la culture de l'ail permet une rentabilité de 70.000 francs à 80.000 francs à l'hectare, selon les producteurs. 10

L'investissement est relativement faible, vingt mille francs en moyenne, et concerne surtout l'achat de la semence. La main-d'œuvre, sollicitée au moment de la récolte, en juillet, et lors du nettoyage des gousses avant leur conditionnement, est familiale. Selon M. Jean-Pierre Mattern, responsable de l'Union des coopératives fruitières et légumières d'Alsace, il ne faut pas être célibataire pour se lancer dans cette culture!

M. Joseph Daul, un jeune agriculteur pilote installé à Pfettisheim (Bas-Rhin), a eu l'idée de cultiver de l'ail, après avoir voyagé dans le Sud-Ouest. 'Nos atouts en Alsace, déclare-t-il, sont l'absence de maladies de culture comme en connaît le Sud-Ouest et les frais de transport quasi-inexistants'.

Pour M. Mattern, qui a contribué, avec l'aide de la chambre d'agriculture du Bas-Rhin, au lancement de l'ail dans la région, l'objectif primordial est d'atteindre 'les mêmes conditions de productivité que dans le Sud-Ouest. Avant d'entreprendre quoi que ce soit, ajoute-t-il, il faut faire des études très précises, afin que le rendement et la qualité du produit permettent d'assurer un prix de revient minimum à l'agriculteur, même lorsque les prix sont bas'.

'L'an dernier, a pour sa part affirmé M. Daul, la culture de l'ail a été favorisée par des prix très élevés au détail. Cette année, en raison d'une surproduction en Espagne, gros pays producteur, les prix ont chuté de 50%, et le prix au kilo payé à l'agriculteur varie entre 13F et 15F'.

La culture de l'ail en Alsace correspond également pour M. Mattern à une recherche de nouveaux débouchés. 'Nous avons constaté, déclare-t-il, qu'il n'y avait pas de production rationnelle et techniquement suivie de cette culture en Alsace, et que la quasi-totalité de l'ail consommé en Alsace était achetée ailleurs, que ce soit dans les grandes régions productrices ou à l'étranger'.

(420 approx) *Le Figaro*

6 Que faire des écoles?

Summarise the following passage in French, reducing it to about one third of its original length.

Les Anglais ne se reproduisent plus et la baisse de la natalité, qui dure depuis bientôt dix ans, va avoir des effets sensibles dans l'enseignement: en 1983, on ne comptera plus que huit millions d'élèves, au lieu de neuf millions aujourd'hui, et, en 1990, ils ne seront plus que 7,5 millions. Cette situation entraîne des choix difficiles: faut-il, par exemple, en profiter pour réduire les dépenses d'éducation, ou pour améliorer la qualité de l'enseignement? Pour les syndicats, pas de doute: il faut maintenir le nombre d'enseignants et réduire les effectifs des classes.

Les choix sont particulièrement délicats en matière de constructions scolaires, car les écoles ne se vident pas d'un coup, mais petit à petit. A la campagne, on trouve parfois aujourd'hui une classe de dix élèves dans une école construite pour deux ou trois classes à effectif 'normal': situation qu'on estime pédagogiquement aussi néfaste qu'une classe surchargée. Mais certains quartiers urbains sont touchés aussi: dans les centres anciens des villes de province, les effets de l'émigration se conjuguent avec ceux de la dénatalité.

Pour aider les administrations à résoudre ces dilemmes, le service des constructions du ministère de l'éducation a effectué des études pilotes dans deux régions: l'une rurale – le centre du Dorset – l'autre urbaine – Burslem, un quartier de Stoke-on-Trent.

A Burslem, les experts ont travaillé sur un secteur de vingt mille habitants doté d'une dizaine d'écoles primaires. Ils ont tenu compte non seulement des perspectives démographiques, mais aussi du réseau de transport et des plans d'aménagement. Pour éviter de mettre les autorités locales en difficulté, les experts n'ont pas voulu préciser les options choisies. La réorganisation impliquait dans tous les cas la fermeture des écoles les plus vétustes, et éventuellement la construction d'une école neuve; et une 'redistribution' des élèves entre plusieurs établissements.

En revanche, ils ont été beaucoup plus précis pour le Dorset. La zone étudiée comptait quinze écoles accueillant entre trente et deux cents élèves chacune. Les planificateurs ont proposé trois options. La première consistait à simplement laisser 'pourrir' la situation, sans rien faire. La deuxième, à ne conserver qu'une seule école, mais à en construire trois autres, de façon à constituer quatre écoles 'régionales' et à organiser le transport des élèves dans ces quatre établissements. Troisième solution: utiliser les quatre écoles les mieux situées comme écoles 'centrales', en utiliser six autres comme 'satellites' et fermer le reste. La première solution entraînait les dépenses de fonctionnement les plus élevées: la troisième était la moins coûteuse. Mais c'est la deuxième que les autorités du comté de Dorset ont finalement choisie.

(440 approx) *Le Monde de l'Education*

7 Les sociologues découvrent l'ennui

Summarise the following passage in French, reducing it to about one third of its original length.

Les Soviétiques s'ennuient-ils? Les sociologues se penchent avec ardeur sur cette grave question que leur posent les premiers bouleversements de la 'civilisation des loisirs'. Selon une enquête publiée par la revue *Recherches sociologiques*, le temps libre a augmenté en URSS en moins de vingt ans de plus de trois heures par semaine pour les travailleurs de l'industrie, grâce à une diminution notable, non pas de la durée du travail, qui s'est au contraire accrue, mais de celle des transports et des services courants. Certes, les femmes consacrent encore trente-trois heures par semaine à la cuisine et aux courses, et les hommes quinze heures, mais les loisirs représentent désormais près de trente-cinq heures chez les hommes, entre vingt-deux et vingt-sept heures chez les femmes.

Malheureusement ces heures sont trop souvent utilisées d'une manière 'négative' faute d'une bonne organisation des loisirs: le temps employé pour l'étude et les activités publiques est en baisse, ainsi que pour le sport et 'd'autres formes de repos', non précisées; si la fréquentation du théâtre, du cinéma, des salles de concert, des manifestations sportives est en hausse, la radio et la télévision ont pris, et de loin, la première place: plus de quinze heures pour les hommes, près de dix heures pour les femmes. 'On est aujourd'hui plus spectateur que participant', explique l'auteur de l'étude.

Des sociologues se sont intéressés plus particulièrement aux foyers des travailleurs. Le résultat de cette recherche a été publié par le quotidien *la Russie soviétique* dans deux articles des 6 et 7 avril. Leur titre: 'Des soirées ennuyeuses'. Comment passe-t-on le temps quand on vit dans ces foyers? On lit deux fois moins de livres, de journaux, de revues qu'en famille, on va deux fois moins au spectacle, on fait trois fois moins de sport ou de tourisme, et même on regarde deux fois moins la télévision. En revanche, on pratique ce que l'auteur appelle 'l'anticulture': la boisson. Situation d'autant plus paradoxale selon lui que ces locataires, n'étant pas chargés de famille, ont plus de temps libre, de plus grandes possibilités d'activités collectives et plus d'argent. Pourtant, l'enquête a montré que dans la plupart des foyers ils s'ennuient tous les soirs dans leur chambre. Conclusion: l'organisation des loisirs est déficiente. Aussi faut-il mettre en place des formes nouvelles d'occupation, tout en préservant bien sûr la part de solitude dont chacun a besoin.

(405 approx) *Le Monde Dimanche*

8 Protestants et catholiques: l'Irlande et la France comparées

Summarise the following passage in French, reducing it to about one third of its original length.

L'Eire, la partie catholique homogène de l'Irlande, a acquis son indépendance en 1921. L'Ulster, six fois plus petit que l'Eire, et qui continue à être rattaché au Royaume-Uni, a une population équivalant à la moitié ce celle de sa voisine; mais il se partage entre une fraction protestante (65%) et une fraction catholique (35%).

L'Eire ressemble, par son économie, aux pays sous-développés. L'agriculture constitue son activité principale. Son produit brut est moins élevé que celui de l'Ulster, dont la superficie est si inférieure. C'est que les six comtés groupés autour de Belfast sont industrialisés de longue date: dès le XIXe siècle, ils s'étaient lancés dans la transformation du lin et dans les constructions navales.

Une différence de ressources naturelles entre l'Ulster et l'Eire serait-elle à l'origine de cette disparité? Nullement. Bien plus, ce constat d'infériorité économique de la population catholique, on le dresse tout autant à l'intérieur de l'Ulster. Les catholiques y sont confinés dans les tâches traditionnelles de l'économie de subsistance: paysannat, exploitation de la tourbe, pêche, petit commerce, artisanat.

Est-ce tout simplement un phénomène de domination coloniale? Bien sûr, aucun catholique irlandais n'a oublié les massacres de Drogheda: les 'misérables sauvages', comme Cromwell appelait les habitants de cette petite cité, furent impitoyablement exterminés en 1649. Mais, depuis le XIXe siècle, les Anglais ont-ils empêché les Irlandais catholiques de moderniser leur agriculture, de se livrer au commerce, de développer les industries? Non. Ni dans l'Irlande unie, jusqu'en 1921. Ni dans l'Ulster bireligieux, après 1921. Ni à plus forte raison dans l'Eire indépendante, depuis 1921. Explication possible, c'est que les freins avaient été, étaient encore, essentiellement en l'homme. Que les catholiques irlandais s'étaient révélés rebelles à l'économie moderne.

La France offre, par rapport à l'Irlande, une contre-épreuve pour notre hypothèse. Les 'oppresseurs' sont les catholiques: Drogheda s'appelle, chez nous, la Saint-Barthélemy ou les dragonnades. Mais les 'opprimés' réagissent tout différemment.

Quand Louis XIV révoque l'édit de Nantes, en 1685, les protestants ne rassemblent guère que le dixième de la population française; mais ils sont parmi les plus instruits, les plus entreprenants, les plus éveillés. Sur quelque deux millions de protestants français, un bon quart sans doute, peut-être même la moitié, quittèrent notre pays en raison des persécutions qui, pendant un siècle, préparèrent ou suivirent la révocation. C'étaient souvent ceux qui, ayant déjà le mieux réussi, se sentaient les plus capables de réussir ailleurs. Ce qu'ils firent. Avec leurs capitaux, ils emportèrent des techniques, des secrets de fabrication et, tout simplement, leur esprit d'aventure.

(420 approx)

Alain Peyrefitte, *Le Mal français*

9 Pétrole: un répit trompeur

Summarise the following passage in French, reducing it to about one third of its original length.

'Nous n'avons absolument aucune preuve, aujourd'hui', relève un expert de l'Agence internationale de l'énergie (A.i.e.), 'que des changements structurels profonds soient intervenus dans le bilan énergétique des pays riches'. Certes, depuis le premier choc, d'incontestables économies d'énergie ont été accomplies par les pays industrialisés. De 1973 à 1979, on a réduit de 7% la quantité d'énergie nécessaire pour produire une unité de produit manufacturé. Il n'empêche: 'On continue de gaspiller énormément de calories dans les logements anciens ou dans les bureaux', note l'expert de l'A.i.e. En attendant l'alcool de topinambour ou le moteur nucléaire, la consommation de carburants continue même d'augmenter presque parallèlement à l'accroissement du parc automobile. En fait, dans tous les pays industrialisés, et en particulier au Japon,

56 / Use of French

les réductions les plus substantielles ont été accomplies dans l'industrie, grâce, il est vrai, au déclin de la sidérurgie, grande consommatrice de l'énergie.

A défaut d'économiser les hydrocarbures, on tente de leur substituer d'autres sources d'énergie. Plus facile à dire qu'à faire. En attendant le relais hypothétique des énergies nouvelles (solaire, géothermie...), on a misé sur les énergies traditionnelles. Le gaz? L'affaire du gazoduc entre l'U.R.S.S. et l'Europe occidentale démontre qu'il peut faire entrer ses utilisateurs dans une dépendance similaire à celle du pétrole. Le charbon, le nucléaire? Ils se heurtent aux défenseurs de l'environnement, si ce n'est à la réticence des consommateurs.

Mais alors comment les pays riches ont-ils pu diminuer à ce point leur consommation? Le second choc pétrolier, comme le premier, a entraîné une flambée de l'inflation et un déséquilibre massif de leurs échanges extérieurs. Du coup, les nations industrialisées se sont trouvées contraintes de freiner leur croissance, réduisant par là leur consommation de pétrole brut. C'est inquiétant, cette corrélation entre utilisation du pétrole et la croissance économique. Les experts lèvent des parallélismes troublants. Le seul pays – les Etats-Unis – qui a considérablement accru sa consommation de pétrole entre 1975 et 1978 a connu une forte croissance économique. Et le seul pays – le Japon – pour lequel on ne prévoit aucune diminution des importations de pétrole d'ici à 1985 est aussi celui qui connaîtra le plus fort taux d'expansion.

(355 approx)   Patrick Bonazza, *L'Express*

10 La guerre scolaire menace

Summarise the following passage in French, reducing it to approximately a third of its original length.

Les risques d'une guerre scolaire sont réels, bien que l'opposition n'ait pas encore beaucoup soufflé sur le feu. Or, une telle guerre serait anachronique. Elle provoquerait de sérieux dégâts. Et pendant que les Français intéressés se déchireraient allégrement dans de fausses querelles, ils éviteraient de poser – et, bien sûr, de résoudre – les problèmes essentiels de l'école, dont la crise est aussi grave (quoique moins voyante) que celle de l'économie.

Anachronique, pour de multiples raisons. Parce que les querelles idéologiques ne passionnent plus grand monde. Parce que l'Eglise a changé. Parce que le corps enseignant laïc, en s'élargissant considérablement, a perdu unité et pugnacité. Et, si la querelle est anachronique, c'est aussi que l'enseignement a changé. Bien plus changé que ses défenseurs eux-mêmes ne veulent l'admettre. Regardons les faits en face.

Il est vrai que l'enseignement catholique représente 98% des élèves du premier degré privé, et 85% des élèves de l'enseignement secondaire privé. A tel point que l'on confond volontiers enseignement privé et enseignement catholique, alors qu'il existe des établissements protestants, juifs (12.000 élèves), musulmans, ou neutres. Mais l'enseignement catholique lui-même a perdu beaucoup de ses caractères religieux. Les prêtres et les religieuses y sont moins nombreux. Les activités religieuses occupent dans l'emploi du temps une place variable suivant les établissements, mais souvent réduite et presque jamais obligatoire. 20

Les motivations des familles sont diverses. Si l'on envoie son enfant dans une école privée, c'est parfois pour qu'il reçoive une éducation religieuse, mais c'est souvent aussi parce qu'on en attend, à tort ou à raison (il y a dans le public comme dans le privé de bons établissements et de fort médiocres), une plus grande discipline, des contacts plus faciles avec les enseignants, un plus grand sérieux des études, ou tout simplement un changement de climat scolaire qui permettra à un garçon ou à une fille, soudain, de 'démarrer'. 25

Du reste, on peut conclure que la fonction de l'enseignement privé dans la société française a changé. Il n'est plus prioritairement confessionnel. Sa fonction principale, c'est désormais d'empêcher le monopole, d'offrir aux enfants et aux familles une possibilité de choix, et enfin de donner au système éducatif français une plus grande souplesse. De cette souplesse l'enseignement public lui-même bénéficie. La concurrence est toujours bonne, quand on respecte, bien sur, les règles du jeu. 30

35

(370 approx) Jacques Duquesnes, *Le Point*

11 Le rôle des parents et des éducateurs

Summarise the following passage in French, reducing it to approximately one third of its original length.

Freud ne s'intéresse à l'évolution des enfants qu'à partir de trois ou quatre ans. Mais des ouvrages comme *La Forteresse vide* de Bruno Bettelheim montrent quelle importance ont pour l'avenir de l'individu les tout premiers mois de son existence. C'est ce qu'ont confirmé des expériences conduites en Israël par l'Université hébraïque de Jérusalem. Une psychologue et un médecin ont étudié des groupes d'enfants de trois ans, les uns nés dans des familles aisées et cultivées, les autres de parents pauvres, mal logés, surmenés: les premiers étaient actifs, imaginatifs, communicatifs, ils défendaient leur territoire et leurs jouets; les autres étaient apathiques, renfermés, ils ne savaient pas jouer ensemble, ils ne défendaient pas leurs possessions; ils avaient si peu le sens de leur propre existence que sur des photos ils identifiaient leurs camarades, mais non eux-mêmes. On a soumis les deux groupes, pendant deux ans, à une éducation intensive; les enfants handicapés au départ s'épanouirent et progressèrent; mais les enfants avantagés profitèrent beaucoup plus encore des efforts des éducateurs: au bout de deux ans leur avance était encore plus nette 1

5

10

15

qu'au début de l'expérience. L'intégration échoua: les enfants retardés persistèrent à ne jouer qu'entre eux. A l'âge de trois ans, il est déjà trop tard pour égaliser les chances.

Une autre série d'expériences conduit à des conclusions analogues, touchant le rôle primordial joué par les éducateurs. Rosenthal (de l'Université de Harvard) fit passer des tests à des étudiants. Il dressa deux listes, telles que le quotient intellectuel moyen des sujets fût le même pour chacune. Il annonça qu'il avait inscrit sur la première les étudiants les mieux doués, sur la seconde ceux qui étaient moyens ou faibles. Les professeurs proposèrent de nouveaux tests aux étudiants: ceux de la première catégorie obtinrent un quotient extrêmement élevé, ceux de la seconde se montrèrent très médiocres. Tout pédagogue sait que, pour qu'un enfant réussisse, il faut qu'on lui fasse confiance; si on doute de lui, il se décourage, il échoue. L'expérience de Rosenthal – et il en a fait beaucoup d'autres, qui aboutissent aux mêmes conclusions – démontre avec une éclatante évidence qu'au cours d'un apprentissage l'attitude du maître à l'égard de l'apprenti a un rôle déterminant: il obtient ce qu'il attend.

(375 approx) *Le Monde de l'Education*

12 Les droits des consommateurs

Summarise the following passage in French, reducing it to about one third of its original length.

Il y a encore dix ans, le consommateur face à la justice, c'était toujours le débiteur qui ne payait pas ou le voleur dans une grande surface qui devaient affronter une partie adverse impitoyable et un juge pressé. Depuis la loi d'orientation du commerce et de l'artisanat de décembre 1973, dite loi Royer, les associations de consommateurs ont la possibilité d'aller en justice et de demander réparation pour un préjudice collectif. La loi aidant, et l'influence et la hardiesse des associations croissant, le consommateur est devenu celui qui porte plainte et non plus seulement celui qui doit répondre de ses actes.

C'est que la consommation touche à tous les secteurs de l'activité. La pharmacie et l'alimentation: on l'a vu avec l'accident tristement célèbre du 'talc Morhange' (qui en 1972 entraîna la mort de 36 enfants et des lésions plus ou moins graves pour deux cents autres), ou celui, moins connu, de petits pots pour bébé dans lesquels s'était trouvé du verre pilé. L'habitat: il représenterait un tiers des affaires de consommation – constructions payées mais inachevées dont le promoteur s'évapore, malfaçons rendant l'habitation inutilisable, litiges locatifs etc. Les transports: automobiles neuves comportant des défauts de fabrication, véhicules d'occasion plus ou moins 'trafiqués'. Le tourisme: agences de voyage ou locations saisonnières qui ne tiennent pas ce qu'elles promettent. Assurances diverses, services après vente et garanties mensongères, clauses abusives enfin.

De plus en plus de gens, lassés de 'se faire avoir' en silence, renâclent. L'Institut national de la consommation reçoit deux à trois mille lettres par mois. *Que choisir?*, organe de l'Union fédérale des consommateurs, comporte une rubrique de petites annonces où les unions locales demandent aux lecteurs de signaler les anomalies qu'ils ont pu constater. C'est ce qui a permis à l'U.F.C. de partir en guerre contre le pneu V12 de Kléber Colombes, suspect d'éclater à grande vitesse, ou contre les 'lampes d'ambiance' qui explosaient à la chaleur en dégageant parfois des gaz toxiques.

Reste pour les militants de la consommation à faire valoir leurs droits. Si un arsenal de textes protège le consommateur, nul ne les connaît, ni les bénéficiaires ni même les professionnels du droit. Peu d'avocats se spécialisent dans les affaires de consommation, réputées peu payantes. Aucune université n'a, semble-t-il, inscrit le droit de la consommation au programme de la licence en droit. Dans une seule université, celle de Montpellier 1, a été créé un diplôme d'études supérieures spécifique. Quant aux futurs juges, ils reçoivent en tout et pour tout une seule journée de formation dans ce domaine à l'Ecole de la magistrature de Bordeaux.

(425 approx)

Le Monde Dimanche

Sample Examination Questions

1 **Do *not* translate. Read the following passage carefully and then summarise its contents *in English* in about *250* words.**

— Alors, vous prétendez qu'aucun d'entre vous ne trahit le secret des délibérations gouvernementales?

Autour de la grande table du conseil, les ministres gardèrent le silence. Le président de la République se dressa de son fauteuil. Dans un mouvement de colère, il lança les bras en avant:

— Eh bien, moi, j'affirme que nombre d'entre vous bavardent à tort et à travers. Mais attention! cette fois-ci j'exige un mutisme absolu sur ce qui menace de devenir 'l'affaire de l'ambassadeur d'Espagne'. Nos services vont poursuivre une enquête discrète. Cette histoire de trafic d'armes auquel l'ambassadeur Manuel Vega est mêlé reste des plus délicates.

'Bon sang! est-ce que ça va durer longtemps?' se demandait Guy Martel, le plus jeune des ministres, tout en se composant un visage honnête et droit de disciple respectueux.

Le président s'interrompit. Sous des sourcils fournis comme des moustaches, l'œil dur aux reflets incertains marquait un désir de distance. C'était la solitude de l'homme d'Etat, cette solitude qui est une charge en soi. Et d'un ton un peu mélodramatique:

— Donc, pas un seul mot aux journalistes!

— Quant à moi, j'en fais le serment! Guy Martel posa son regard le plus franc sur l'homme à qui il devait sa carrière politique.

Ses collègues l'imitèrent servilement. Martel était le favori, on pouvait s'aligner sur lui. Mais Martel était indifférent à ce ralliement général. L'air très absorbé, il se penchait sur les papiers qui s'étalaient devant lui. Par moments, ses lèvres remuaient et il avait du mal à modérer l'impatience qui circulait dans son corps: il préparait mentalement l'entretien confidentiel qu'il allait avoir à la fin de la matinée avec le banquier Grels Perrécoq.

— Eh bien, messieurs, à mercredi prochain! déclara le président d'une voix sourde. Il se fit aimable; son fameux sourire en croissant de lune se creusa entre des joues obèses.

Guy Martel fit rapidement le tour de la table pour se trouver sur le passage du président. Sa figure un peu féminine au nez retroussé, à l'œil tendre, s'offrait comme un miroir complaisant. Mais perdu dans ses pensées, le chef de l'Etat ne s'arrêta pas.

Un bruit de voix sourd s'ensuivit. Les ministres prenaient congé les uns des autres. Les huissiers à chaîne ouvraient les portes. Des képis se profilaient, montrant que le palais était sous bonne garde.

Une demi-heure plus tard, après une apparition pour la forme au ministère des Affaires étrangères, Martel s'asseyait au volant de sa voiture. Rien d'extraordinaire à cela: il conduisait fréquemment lui-même.

Il mit le cap sur le parc Monceau où demeurait le banquier Grels Perrécoq. A mesure qu'il s'en rapprochait, ses poumons semblaient perdre de leur élasticité. Cette visite hebdomadaire ne lui était jamais agréable.

Grels Perrécoq ferma la fenêtre de son cabinet de travail, au premier étage d'un hôtel particulier bâti au XIXe siècle, en bordure du parc Monceau. Il posa son front contre une vitre et regarda les jardins où s'amortissaient les bruits interrompus de la ville.

Un vieux maître d'hôtel entra:

— Est-ce que je peux introduire...

— Oui, faites-le venir! dit Perrécoq en se retournant. Avec ses cheveux noirs entremêlés de gris qui bouclaient sur les tempes, ses yeux noisette qu'il savait rendre limpides, sa bouche boudeuse et son front marqué de rides profondes, il chevauchait la jeunesse et l'âge mûr.

Il prit place derrière un bureau Louis XV et croisa ses longues jambes. Se contentant d'un jus de fruit, il consacrait l'heure du déjeuner à certaines affaires qu'il préférait traiter en dehors des locaux de sa banque, sans ralentir le rythme de travail épuisant de la journée. Il étendit le bras et mit en marche un magnétophone. La porte s'ouvrait. Le maître d'hôtel s'effaça devant le secrétaire d'Etat Guy Martel.

Debout, Perrécoq tendit la main par-dessus son bureau, étudiant attentivement son visiteur obligé de venir jusqu'à lui. Dans son esprit, Guy Martel figurait sous le commentaire suivant: 'Personnage assez ambitieux pour supporter les rebuffades d'un maître et assez médiocre pour ne pas nuire aux ambitions du maître.'

Comme la plupart des mercredis, Guy Martel venait rapporter les principales dispositions et décisions prises par le Conseil des ministres. Cette tâche ne l'enchantait pas tellement. A la longue, il craignait que ça ne se sache. Mais, expert en l'art de plaire, il se montrait toujours à Perrécoq avec l'expression qui convenait: celle d'un ami venu pour le plaisir de parler à cœur ouvert.

— Quoi de nouveau, Guy?

(750 approx) *Associated Examining Board,*
A level, June 1983

---

2 Read the following passage and write a summary of it in about 125 words of continuous French. Avoid lifting whole sentences from the original.

Vêtements d'un jour

Le vêtement est l'un des meilleurs indicateurs de l'état d'esprit d'une société. Un simple coup d'œil sur l'apparence des foules permet d'en saisir les mouvements profonds. Uniformes des peuples révolutionnaires, tenues austères des puritains, tenues chatoyantes des baroques et des décadents...

Notre société n'échappe pas à cet empire de la parure. Les boutiques de vêtements se multiplient. Les mouvements de la mode intensifient les pressions sur les clients et les occasions d'achats. Le vêtement envahit notre vie. L'élégance est devenue un devoir. Devoir de bon citoyen et bon consommateur. Changer souvent de veste et de chaussures, c'est faire tourner les affaires, c'est lutter contre le chômage. Le textile n'est-il pas un secteur sinistré de l'économie?

Cette manie vestimentaire pose un problème, à première vue un peu mesquin, mais auquel chacun, peu à peu, se trouve confronté: comment se débarrasser de tous les vêtements qu'on ne porte plus – qui ne tiennent plus dans la garde-robe, mais qui ne sont pas toujours assez usés ou démodés pour être immettables?

Les garder? C'est ce que suggère avec insistance la voix de la sagesse ancestrale. Autrefois les habits usagés étaient soigneusement conservés pour les générations à venir. Retaillés, mis au goût du jour, ils servaient aux plus jeunes. Oubliés dans les grandes armoires familiales ou les malles des greniers, ils attendaient d'être redécouverts avec joie bien des années plus tard. Mais ce stockage demande une place qu'on ne trouve pas dans les appartements modernes.

Les jeter? Cette solution radicale peut procurer la sensation agréable de 'faire le vide', de refuser de s'encombrer d'objets disgracieux et de souvenirs pesants. Mais elle ne va pas sans une sourde mauvaise conscience à l'idée du gaspillage qu'elle représente. Comment peut-on jeter des vêtements, alors que tant d'hommes vivent dans le dénuement?

Ainsi en vient-on à la solution la plus couramment adoptée: le don. A des personnes de l'entourage plus démunies ou à des organismes de bienfaisance qui les distribueront ou les vendront à des sociétés de friperie. Cette formule, qui repose sur une longue tradition de la charité pratiquée par les classes aisées, permet de résoudre son problème matériel tout en ayant le sentiment agréable de faire œuvre humanitaire.

Oxford Local Examinations, A level, June 1983

4 Aural Comprehension

General

The way, and indeed the only way, to success in Aural Comprehension is frequent practice. There aren't really any short cuts, but frequent listening to French radio and to suitable cassettes will make this kind of test much less alarming.

It is, however, important to note that the way in which the exam is presented may vary from one examination board to another. Note that
- some boards allow one to see the questions and take notes and/or to start composing the answers during all readings of the passage;
- some boards only show the questions and allow note-taking *after* the first reading;
- some boards divide the passage, and the questions, into sections, making a pause in the reading after each section.

It is therefore essential to find out the details of the procedure adopted by the board concerned and model one's practice accordingly.

Some of the practice questions in the following chapter are divided into sections. The cassette, however, is recorded continuously, and the pauses, if required, will have to be created by using the 'pause' button at the appropriate point.

Sample Text and Questions

The text in the example below, and in the specimen exam paper which follows, are printed here in order to give an introduction to this type of exercise. The remaining texts are on tape.

Effect of the plague situation on daily life

Text of tape

I La réaction du public aux statistiques de la peste ne fut pas immédiate. En effet, l'annonce que la troisième semaine de peste avait compté trois cent deux morts ne parlait pas à l'imagination. D'une part, tous peut-être n'étaient pas morts de la peste. Et, d'autre part, personne en ville ne savait combien, en temps ordinaire, il mourait de gens par semaine. La ville avait deux cent mille habitants. On ignorait si cette proportion de décès était normale. Le public manquait, en quelque sorte, de points de comparaison. Ce n'est qu'à la longue, en constatant l'augmentation des décès, que l'opinion prit conscience de la vérité. La cinquième semaine donna en effet trois cent vingt et un morts et la sixième trois cent quarante-cinq. Les augmentations, du moins, étaient éloquentes. Vers la fin du mois cependant des transformations plus graves modifièrent l'aspect de notre ville. Tout d'abord, le préfet prit des mesures concernant la circulation des véhicules et le ravitaillement. Le ravitaillement fut limité et l'essence rationnée. On prescrivit même des économies d'électricité.

II Seuls les produits indispensables parvinrent par la route et par l'air à la ville. C'est ainsi qu'on vit la circulation diminuer progressivement jusqu'à devenir à peu près nulle, des magasins de luxe fermer du jour au lendemain, d'autres garnir leurs vitrines de pancartes négatives, pendant que des files d'acheteurs stationnaient devant leurs portes. La ville prit ainsi un aspect singulier. Le nombre des piétons devint plus considérable et même beaucoup de gens réduits à l'inaction par la fermeture des magasins ou de certains bureaux emplissaient les rues et les cafés. La ville donnait alors l'impression trompeuse d'une ville en fête dont on eût arrêté la circulation et fermé les magasins pour permettre le déroulement d'une manifestation publique.

III Naturellement les cinémas profitaient de ce congé général et faisaient de grosses affaires. Mais les circuits que les films accomplissaient dans le département étaient interrompus. Au bout de deux semaines, les établissements furent obligés d'échanger leurs programmes et, après quelque temps, les cinémas finirent par projeter toujours le même film. Leurs recettes cependant ne diminuaient pas. Les cafés enfin, grâce aux stocks considérables accumulés dans une ville où le commerce des vins et des alcools tient la première place, purent également alimenter leurs clients. A vrai dire, on buvait beaucoup. Un café ayant affiché que 'le vin probe tue le microbe', l'idée déjà naturelle au public que l'alcool préservait des maladies infectieuses se fortifia dans l'opinion. Toutes les nuits, vers deux heures, un nombre assez considérable d'ivrognes expulsés des cafés emplissaient les rues et s'y répandaient en propos optimistes.

Albert Camus, La Peste

Questions

Answer the following in English:

Section I

1 Give two reasons why the statistics for the third week did not make a great impression on the public.

2 What aspect of the statistics had increased the general alarm by the sixth week?

3 What three measures did the *préfet* now introduce?

Section II

4 What effect did these and other measures have on traffic in the streets?

5 What was their effect on the shops and the shoppers?

6 Give two reasons why there were more people to be seen on the streets than usual.

Section III

7 What devices were eventually forced on the cinemas?

8 Why were the cafés able to keep going so well?

9 What was the reasoning underlying the increased consumption of alcohol?

Specimen Examination Paper

Half an hour

Instructions for Listening Comprehension Test

In this test you will hear a piece of recorded French.

Before the recording is played you will have three minutes to read through the questions on the back of this sheet.

You will then listen to the whole recording.

After this you will have five minutes to think about and to make notes about what you have heard.

The first part of the recording will then be played a second time, after which you will be allowed five minutes to answer the first five questions in ENGLISH.

The second part will then be played, after which you will have five minutes to answer the remaining questions in ENGLISH.

Answer the questions briefly, but give all relevant information.

Instructions about each part of the test are given on the tape in FRENCH.

Vous allez entendre une petite interview avec Monsieur Raymond Oliver, le propriétaire d'un restaurant célèbre à Paris au sujet de la cuisine française.

Text of Interview and Questions

INTERVIEWER: Monsieur Oliver, il y a plus de trente ans que vous êtes devenu le propriétaire du Grand Véfour. Pourquoi avez-vous choisi ce restaurant en particulier?

MONSIEUR OLIVER: Je vais vous expliquer une chose bien simple. Je suis paysan; je suis un garçon de la province, et quand j'achète quelque chose, j'aime beaucoup payer avec l'argent que j'ai dans la poche. Or, le Grand Véfour était complètement délaissé dans un quartier qui était vide de vie, et il était très bon marché. Je pouvais, avec l'argent que je possédais, acheter ce restaurant-là, ou bien prendre une part dans un autre aux Champs-Elysées. Je préférais rester seul sur une affaire que j'ai développé par la suite, plutôt que de m'associer à une affaire qui marchait déjà.

INTERVIEWER: Vous dites dans un de vos livres que la cuisine est un art. Qu'entendez-vous par cela?

MONSIEUR OLIVER: Oui, c'est un art, c'est-à-dire quelque chose d'évolutif qui a tendance à être sublimé. Il faut concevoir que les arts les plus connus – la peinture, la sculpture, l'architecture, et aussi la cuisine, se rapprochent dans ce sens.

INTERVIEWER: La cuisine française est renommée dans le monde entier. A quoi est due cette renommée?

MONSIEUR OLIVER: Elle est due principalement aux cuisiniers français! Ils ont le génie de la cuisine, tout comme l'Italien a le génie de la musique. On trouvera ainsi beaucoup plus de chanteurs comme Caruso en Italie que dans notre pays.

INTERVIEWER: Oui, peut-être, mais...

MONSIEUR OLIVER: Il est d'ailleurs curieux de noter que ce sont les Italiens qui ont déterminé la priorité de la cuisine française. C'est à partir du 15ème siècle que la cuisine française est devenue prioritaire, parce que les cuisiniers français ont su travailler sur les bases des cuisiniers italiens. Ainsi donc, la cuisine mère, c'est la cuisine italienne.

INTERVIEWER: En quoi consiste la cuisine française?

MONSIEUR OLIVER: La cuisine française, c'est très simple. Elle est en train d'évoluer comme tous les arts évoluent; il faut qu'un art évolue. Pour revenir à la peinture, le cubisme a eu une période courte parce que c'était difficile. Tout cela a amené quelque chose, a amené un travail plus distingué, plus profond. Il en est de même de la cuisine française, parce que les hommes qui la pratiquaient l'ont très bien adaptée. Alors, j'ai une expression: si nous voyons plus loin que nos pères, c'est parce que nous sommes montés sur leurs épaules.

INTERVIEWER: On dirait que vous avez eu beaucoup de succès dans plusieurs domaines: chef, propriétaire, auteur. Que vous reste-t-il à faire?

MONSIEUR OLIVER: Ecrire quelque chose qui puisse aider les jeunes, qui traitera de tout ce que j'ai appris dans mes voyages, dans ma vie. Mais il ne faut pas donner mauvaise impression! J'ai eu des déboires aussi! Je n'ai pas eu que des succès!

68 / Use of French

Questions

1. What choice did Raymond Oliver have when he was considering buying the Grand Véfour?
2. What aspect of his character prompted him to make the decision he took?
3. Why did the Grand Véfour present such a challenge at the time?
4. In what sense, for R. Oliver, is cooking an art?
5. What seems to be the secret of the success of 'la cuisine française' in the opinion of R. Oliver?
6. Why was Italy the inspiration for what was to become the great French tradition?
7. What, for R. Oliver, was the importance of cubism in art, and how does he draw an analogy with the art of cooking?
8. What ambition would R. Oliver like to fulfil?
9. What is he anxious to convey at the end of the interview?

Copyright
©: *Contemporary French Civilisation* – Vol. V, no. 1
University of London, A level, June 1983

Aural Comprehension Questions

1 Interview with an ex-convict

Answer the following questions in English:

1. What is the longest spell of freedom this man has enjoyed?
2. What is the strongest reason why this convict wants to go straight?
3. What indications are there that this man considers himself a cut above his fellow-prisoners?
4. What is his view of French justice?
5. What fear haunts the long-term prisoners?
6. What is the greatest anxiety of the man about to be released?

2 The rise of the *relais routier,* the *restoroute* and the motel

Answer the following questions in English:

1 What effect has the increase of traffic had on the roads and the inns?
2 For what new type of customer were the *relais routiers* created?
3 Name three countries or areas outside France where the system of *relais routiers* has been developed.
4 What do the letters T.I.R. stand for?
5 What three essential requirements must a *relais routier* fulfil?
6 What about late arrivals?
7 What is the best way to identify a good *relais*?
8 What further type of regular road user has been created by the Common Market?
9 What facilities are specified as being available at a *restoroute*?
10 Where are motels usually sited?
11 What are the advantages of such a location?
12 What two facilities are available in a motel but not at a *restoroute*?

3 Holidays and holiday jobs for *lycéens* and students

Answer the following questions in English:

Section I

1 What do the majority of *lycéens* under sixteen do about holidays?
2 What advantage do these solutions have for them?
3 More and more *lycéens* are now preferring to choose their own form of holiday. What problem does this raise?
4 Name three out of the job possibilities that are mentioned.

Section II

5 Under what arrangements do most of the *lycéens* set off for their independent holidays?
6 How do the remaining minority manage?

7 What kind of individual holiday is usually paid for by parents?

8 What kind of *lycéens* seem to be taking less and less holidays?

9 What possible reason is given why some of them take no holiday at all?

Section III

10 In the case of students, what are the plus factors for getting jobs?

11 What is the minus factor?

12 Describe three of the job possibilities mentioned for students.

4 The Swiss are ordered to stock up their larders 'just in case'

Answer the following questions in English:

1 Why does one hardly expect such rigorous measures in Switzerland?

2 To what danger does the government draw attention?

3 What are families called on to do?

4 What two periods of economic crisis are recalled by way of argument?

5 Which are the two types of foodstuffs for which Switzerland is the most heavily dependent on imports?

6 What two commodities are specially mentioned as being stocked by the government?

7 What financial contribution are the Swiss expected to make towards an emergency?

8 What minimum emergency stocks are recommended?

9 What is said about the extent of the provision of anti-nuclear shelters?

10 What would be most likely to happen about food in these shelters, and why?

5 Dr Spock, repentant chauvinist or reluctant feminist?

Answer the following questions in English:

1 In what ways did Dr Spock's grandmother punish children?

2 What strict rule did Dr Spock's mother apply to her daughters?

3 What does Dr Spock say about dominating mothers and fathers?

Aural Comprehension / 71

4 What does Dr Spock regard as essential to a baby's development?

5 Why are American women said to find the role of wife and mother boring?

6 How do such women feel at the end of a day at home with the baby? Why?

7 Has Spock changed his views on the bringing up of children? Give three instances of his firm attitude.

8 Who do you think are the people he describes as a problem?

9 How does Spock show that he is beginning to understand these people?

6 President de Gaulle gives his views on the French economy

Answer the following questions in English:

1 Why, according to the President, is a predominantly agricultural country at a disadvantage today?

2 What other drawback has France suffered from?

3 How and why, in the President's view, have England and Germany done better?

4 The President gives some examples of bad economic practice. Cite two of these.

5 What is the President proposing to do to bring the economy up to date?

6 Where is the manpower to come from?

7 What is the President's slogan for France?

8 What does the President think of terms like 'new social contract'?

9 What, according to de Gaulle, is the only proper way to govern the French?

7 Pascal Thomas has strong views on the filming of children

Answer the following questions in English:

1 What qualities does Pascal Thomas say trained child actors lack?

2 How does he persuade the very young to work with him?

3 Why is he finding it difficult to get unspoiled child actors?

72 / Use of French

4 How does he prevent the children in his films from acquiring an exaggerated view of their own importance?

5 What is the most striking difference between the modern child and the child of some thirty years ago?

6 How has the family changed, according to M. Thomas?

7 What qualities in the young child does he want to show in his films?

8 Interview with Yves Duteil

Answer the following questions in English:

1 What early experience did Duteil commemorate in a song?

2 Does Duteil give any indication of his family background? How much?

3 What kind of boy was he?

4 How did the family tend to behave to each other?

5 What evidence does Duteil give of the type of school he attended?

6 What kind of schoolboy was he?

7 How did Duteil acquire his first guitar?

8 What evidence is there that Duteil is not a publicity-seeker?

9 Overcrowding and stress

Answer the following questions in English:

1 What form of behaviour do male and female rats display in overcrowded conditions?

2 Name three of the social evils which are quoted as arising from overcrowding in cities.

3 In what way does Paris resemble an old tree?

4 What sort of people are leaving the centre of Paris?

5 What sort of people are now filling it up?

6 What characteristic is Paris now losing?

7 What statistics are given about jobs?

8 What statistics are given about income?

9 How has the State tried to prevent the further growth of Paris?
10 What is the point of the reference to Versailles?

10 The early life of a popular singer

Answer the following questions in English:

1 How do most of Souchon's relatives earn their living?
2 What kind of man was Souchon's great-grandfather?
3 For what reasons did Souchon sell his country property?
4 What was the most obvious difference between life at Blois and life in Paris?
5 Why was life in Paris so chaotic?
6 What kind of schoolboy was Souchon?
7 Souchon gives several hints as to his parents' attitudes. Name two.
8 What makes one think that Souchon is not too full of his own importance?
9 What makes you think he enjoys his life?

11 Jacques Le Goff, historian and ecologist, defends his crab-fishing

Answer the following questions in English:

1 Le Goff denies that he is a militant ecologist. How does he show his respect for nature while catching his crabs?
2 Why does Le Goff describe his methods as faintly masochistic?
3 What does Le Goff mean, when speaking of a mere crab, by 'respect for the opponent'?
4 What would Le Goff lose if he wore protective clothing?
5 What does Le Goff find especially attractive in a crab's nature?
6 Which remark of Le Goff's reveals an interesting and practical viewpoint?

74 / Use of French

12 The writer Marguerite Yourcenar speaks of her father and her childhood

Answer the following questions in English:

1 How old do you think Marguerite Yourcenar was when she gave this interview?
2 Why did her father read so widely?
3 What leads you to think he was not an eminent scholar?
4 What was his habitual response to a setback or a crisis?
5 What is the speaker's view of the age gap between her and her father?
6 What kind of conversations did they have?
7 What did Marguerite feel when she was thirteen?
8 What kind of education did Marguerite receive?
9 Which subject did she dislike? Why?
10 What was surprising about her reading matter at the age of eight?
11 What else did her father teach her?

5 Guided Composition

This exercise, as you see, provides you with one or two ideas on a variety of subjects of general interest, and asks you to develop these as fully as you can within the limits laid down by the examination board. After choosing your topic, see, for practice purposes, whether you can find anything in the French press, or in an up-to-date textbook, which could help to provide you with a stock of suitable vocabulary and phraseology for eventual use in an examination.

Take care to plan your work and to construct an argument clearly; know where you are going before you set out. Ensure that you use more than one sentence-pattern, and avoid lifting too much of the stimulus material already provided. Do not exceed the required length by more than ten words or so.

Guided composition 1 *(250 words)*

Vous êtes un(e) étudiant(e) à la Sorbonne. Vous voulez gagner de l'argent pendant les vacances d'été et vous voulez en même temps vous perfectionner en anglais. Votre ami(e) vous propose de partir en touriste à l'aventure et de frapper à la porte des hôtels et des restaurants pour devenir plongeur, barman, etc., 'au noir'.

D'abord cette idée vous sourit, mais plus vous y réfléchissez, et plus vous y trouvez d'inconvénients. Vous écrirez une lettre à votre ami(e) dans laquelle vous soulèverez quelques objections:

> chercher un emploi temporaire 'au noir' serait à vos risques et périls; vous risqueriez des ennuis avec la police; de tels emplois sont mal payés; l'anglais qu'on apprendrait ne serait pas forcément très pur; le chômage en Angleterre ne facilite pas la recherche d'un emploi, etc.

Vous finirez par suggérer d'autres moyens d'apprendre l'anglais à l'étranger.

Guided composition 2 *(250 words)*

Vous avez dix-neuf ans et vous passez quelques mois à Londres. Votre jeune frère qui a quinze ans et qui habite Lyon rêve d'avoir une moto pour son seizième anniversaire. Il vous a écrit pour vous demander votre avis. Il espère 'sortir avec les copains', 'éviter les week-ends en famille chez mémé' et il s'extasie sur 'ce symbole d'indépendance'.

Dans votre réponse vous vous prononcerez nettement contre son idée, pour les raisons suivantes:

> trois fois plus de risques d'accident mortel pour un motard que pour un automobiliste; presque personne ne respecte le code de la route; votre frère veut toujours épater ses copains, ce qui serait très dangereux sur la route; la voirie n'est pas conçue pour les deux-roues, mais pour les automobiles; quatre roues freinent plus vite que deux, etc.

Vous ajouterez d'autres raisons personnelles si vous voulez.

Guided composition 3 *(250 words)*

Les échanges scolaires ne sont pas toujours très réussis. Voici deux cas:

1. Sylvie, treize ans, fille d'un agriculteur du Midi, est allée à Coventry chez une famille de cheminots. Elle n'avait aucune envie de parler anglais, elle ne s'intéressait nullement à la civilisation anglaise et elle ne cachait pas son mépris pour la cuisine anglaise.

2 Un fermier normand a organisé un séjour dans le Devon pour son fils sans lui demander son avis. Il lui a annoncé ce voyage deux jours avant le départ. Résultat: le lendemain de son arrivée en Angleterre le garçon a disparu, pour être retrouvé plus tard par la police.

Tout en tenant compte de ces deux cas, vous essayerez de démontrer la grande utilité d'un séjour à l'étranger, et vous expliquerez les préparatifs essentiels à son succès.

Voici quelques questions pour vous aider:

1 Pour organiser un échange scolaire, faut-il se fier à une simple rencontre personnelle?

2 Que faut-il savoir sur celui (celle) que vous inviterez chez vous?

3 Que voudriez-vous savoir avant de faire un séjour dans une famille française?

Guided composition 4 *(250 words)*

En 1896 Emile Combes a dit: 'Non seulement le baccalauréat est une gêne et même une cause de trouble pour les études, qui sont forcées de se plier à ses exigences, mais il donne prise aux critiques les mieux fondées par le caractère hasardeux, souvent injuste, on peut même dire immoral, de ses résultats.'

En 1885 Armand Fallières, le ministre de l'instruction publique, a demandé aux enseignants: 'Y a-t-il lieu de supprimer purement et simplement le baccalauréat?'

Vous essayerez de défendre les examens publics en tenant compte des arguments suivants:

ils constituent un outil de sélection; la perspective d'un examen fait travailler les élèves; ces examens demandent des épreuves écrites qui sont corrigées par un jury anonyme; la possession d'un tel diplôme assure l'entrée à une université.

Si vous aimez mieux soutenir la thèse contraire (qu'il faut supprimer les examens publics), vous pouvez développer ce qui est cité plus haut.

Guided composition 5 *(250 words)*

Votre grand-mère, au cours d'une lettre qu'elle vous a écrite à l'occasion de votre anniversaire, a désapprouvé le grand intérêt que vous témoignez pour l'exploration spatiale.

Vous lui répondrez d'une façon respectueuse mais ferme tout en lui expliquant la signification de l'exploration de l'espace:

la possibilité d'établir un laboratoire orbital; la possibilité d'étudier les effets de l'apesanteur sur le corps humain; l'espoir de pouvoir obtenir une cartographie très précise de la Terre; l'espoir d'établir des stations d'observations permanentes pour pouvoir (par exemple) surveiller le bon développement des cultures sur un territoire donné; et ainsi de suite!

Guided composition 6 *(250 words)*

L'année scolaire, nous dit-on, est absurde. On laisse désœuvrés les enfants et les adolescents pendant huit semaines en été, la période la plus favorable au travail, et on les tient strictement au travail pendant les dures semaines d'hiver.

Ils partent pour l'école dans la brume glacée de l'aube, ou sous la pluie ou la neige; ils somnolent dans le car, et plus tard ils dorment en classe. Le soir, ils ont le même long retour dans la nuit et le froid. Il en résulte des absences dues aux maladies, pour ne pas parler des épidémies que favorise le chauffage central.

Ce long hivernage des enfants dans les écoles coûte cher: les dépenses d'énergie pour éclairer et chauffer les établissements d'enseignement sont considérables.

Les vacances d'été sont si longues que les enfants ont tout oublié.

Et la solution? Deux semestres égaux; les examens publics au mois de décembre; cinq semaines de vacances d'hiver, cinq semaines de vacances d'été.

Vous allez soutenir la contrepartie de cette opinion, en démolissant un à un tous les arguments ci-dessus.

Guided composition 7 *(250 words)*

Il y a de graves problèmes moraux liés aux progrès des recherches médicales. On nous assure que 'l'essai sur l'homme des thérapeutiques et des drogues nouvelles est une nécessité' pour les deux raisons suivantes:

1 il serait immoral d'employer des traitements dont l'efficacité et l'innocuité n'ont pas été vérifiées.

2 c'est un 'droit' pour les malades que les remèdes qu'on leur propose aient été soigneusement étudiés.

Alors, c'est l'époque de l'homme-cobaye? Il est évident qu'il faudrait demander à des volontaires sains et puis à des malades volontaires, de recevoir les premiers des produits qui n'ont pas été encore donnés à des humains.

Comment sortir de ce dilemme? Vous allez discuter cette question difficile en vous tenant compte:

de la nécessité d'obtenir le consentement des 'cobayes' et des malades; de la nécessité d'expliquer aux volontaires le programme de recherche et les risques possibles; de l'impossibilité d'obliger les volontaires de continuer l'expérience s'ils décident de l'arrêter; des réactions possibles des familles, des fiancé(e)s etc.

Guided composition 8 *(from an examination paper)*

Vous êtes membre d'un groupe de travail qui étudie la popularité croissante de la vidéocassette, surtout parmi les très jeunes qui sont souvent laissés seuls à la maison. Vous écrivez un rapport (250 mots) dans lequel vous constatez la nature des problèmes que suscite ce phénomène, tout en essayant d'indiquer des solutions.
 Vous analysez les conséquences du libre accès aux films.
 Vous proposez des solutions et vous discutez la responsabilité des commerçants et des parents dans cette affaire.
 Il faut disposer vos arguments d'une façon claire et convaincante, tout en soulignant la gravité du problème.
 Voici des notes pour vous aider:-

Quelques données:
marché répandu:
 ventes de magnétoscopes (France, 1980 - 160,000)
vidéothèques:
 exposition ouverte, matériel disponible à tous
 les plus intéressés: enfants de 7 à 14 ans
 les plus passionnants: films de guerre, westerns (50%), films de violence

Sources d'inquiétude:
libre accès aux films:
 effets et dangers (individu? - société?)
vidéothèques:
 ouvertes à tout le monde; curiosité naturelle des enfants
 absence de contrôles
 rôle des parents? des autorités?

Solutions:
 autorités locales et nationales - législation - censure?

University of London, A level, June 1982

Guided composition 9 *(from an examination paper)*

L'hypocrisie du respect de la vie

Ainsi, selon la dernière statistique du ministère de l'Intérieur, la criminalité s'accroît gravement en France. Pourtant les pires assassins trouvent désormais toujours quelques solennels imbéciles pour les excuser. Certains magistrats semblent les préférer à leurs victimes et il ne manque pas d'imposteurs qui en font des héros de l'écran. Tout cela au nom de la dignité humaine et du devoir de la société de respecter la vie.

Mais l'émotion de ces penseurs (dont le cœur est souvent protégé des atteintes de la pitié par le portefeuille bien matelassé sous lequel il se cache) ne joue qu'en faveur des monstres à face humaine, trouvant abominable qu'on en supprime un tous les deux ou trois ans, et même pour un crime absolument impardonnable. En revanche, ils acceptent sans inquiétude et semblent même imposer une sorte d'infanticide généralisée. Car, jusqu'où faudra-t-il aller pour satisfaire ces marchands de mort?

Il y a déjà la pilule, en effet, qui permet aux couples de s'accorder les joies de l'amour physique sans courir le risque de procréer. On a voulu, ensuite, le droit d'avorter pour celles qui oubliaient de prendre la dite pilule...ou avaient changé d'avis entre l'acte et la conception. Et voici qu'on réclame maintenant l'avortement libre et gratuit. Et pourquoi pas obligatoire?

Seulement, hypocrites, que deviennent vos sacro-saints principes de dignité humaine et de respect de la vie dans ce massacre des innocents?

d'après Gabriel Domenech

Southern Universities Joint Board, A level, June 1980

6a The Oral

General

The oral test is the part of the examination over which you, the candidate, have the greatest control. Of course you cannot influence the choice of question you are asked, but by your response you can ensure that you are given every chance to display what you know. Remember that the examiner may have to listen to sixty candidates in the course of a week, so the more you can make the oral a lively, two-way operation, the more you will be likely to please him/her and earn a high mark.

Reading

Some boards retain the practice of asking the candidate to read a short piece of French aloud. The purpose of this exercise is to allow the examiner to concentrate on your pronunciation and intonation without reference to your understanding of spoken French or your command of idiom. So, during the five minutes usually allowed, prepare carefully in your mind (or aloud if this is possible) exactly how you intend to say every word and phrase. Work out, as if you were a singer, where you are going to breathe. Decide on the intonation. A command of French intonation is often what differentiates the good from the very good candidate. Above all, remind yourself to read quite slowly, and try to sound as if you were enjoying the performance. If you make a mistake, by all means go back and put it right; this will not be counted against you, unless you do it all the time!

General Conversation

No genuine conversation is ever conducted in such an artificial way as the one in the examination room, but you can nevertheless ensure that your tastes and your personality come across. For example, if the opening question (of necessity rather flat) is about your town, or your birthplace, do not simply say 'Smallville' or 'Les Antilles'. Go on to say that you have always lived in Smallville and would hate to live anywhere else because of the scenery/sport/clothes/shops/museums. Or say what was attractive about life in the tropics. If you are asked how you spend the weekend, avoid the all too common 'je joue au cricket'. There is no mileage at all in trying to discuss an English sport in French. And remember that you may, in an oral test, embroider the truth a little, provided that you talk fluently and naturally. If you learn a few choice paragraphs and hope to reel them off, the examiner will spot this in no time and deflect you. Try to use the widest vocabulary you have at your command, and also make a great effort to vary the tenses you use. Do not imitate the way some French people nowadays make do with the present tense in almost every situation. Your aim is to jump out of that large 'fairly good' group into the 'very good' set by using the *mot juste* and the appropriate tense. Perfection is not expected; you will make a few blunders, as we do in English. Just aim at behaving in a relaxed and friendly way, and talk as much as you can.

Discussion of reading, topics and so on

In many ways this is a less daunting exercise than the general conversation. You have prepared the material in class and have no doubt discussed it in French, so you know the boundaries within which the questions will range. Do not be tempted to say far more than the question needs by way of answer. If your view of a novel or a character is diametrically opposed to the accepted one, this does not matter, provided you explain why you hold this view, and support your opinion by referring to episodes in the novel or play.

If you are being questioned on a play or a novel, try to read it twice before the oral test is due. You should not, of course, try to spot possible questions, particularly if the questions are based on a short extract which cannot be identified before you enter the examination room. Instead, make sure the shape of the plot and the sequence of events are clear to you; be quite clear about the characters and their interlocking relationships, and try to understand their motives. Erudite literary criticism is not expected in an oral test.

Worked Examples

In the example which follows, the questions based on the extract are quite straightforward and may be answered succinctly. Where guidance is offered, it is the personal suggestion of the authors and does not necessarily reflect the criteria of the examining board concerned. The piece is taken from *Les belles images* by Simone de Beauvoir.

1 Les Belles Images *(from an examination paper)*

You will have five minutes in which to study this extract. You will then be asked five short questions based on it.

— Ce soir, papa t'expliquera tout, a conclu Laurence. Dix ans et demi: le moment pour une fille de se détacher un peu de sa mère et de se fixer sur son père. Et il trouvera mieux que moi des arguments satisfaisants, a-t-elle pensé.

Au début, le ton de Jean-Charles l'a gênée. Pas exactement ironique, ni condescendant: paternaliste. Ensuite, il a fait un petit discours très clair, très convaincant. Jusqu'ici les différents points de la terre étaient éloignés les uns des autres, et les hommes ne savaient pas bien se débrouiller et ils étaient égoïstes. Cette affiche prouve que nous voulons que les choses changent. Maintenant on peut produire beaucoup plus de nourriture qu'avant, et les transporter vite et facilement des pays riches aux pays pauvres; des organisations s'en occupent. Jean-Charles est devenu lyrique, comme chaque fois qu'il évoque l'avenir: les déserts se sont couverts de blé, de légumes, de fruits, toute la terre est devenue la terre promise; gavés de lait, de riz, de tomates et d'oranges, tous les enfants souriaient. Catherine écoutait, fascinée: elle voyait les vergers et les champs en fête.

— Personne ne sera plus triste, dans dix ans?
— On ne peut pas dire ça. Mais tout le monde mangera; tout le monde sera beaucoup plus heureux.

Alors elle a dit d'un ton pénétré:
— J'aurais mieux aimé naître dix ans plus tard.

Jean-Charles a ri, fier de la précocité de sa fille. Il ne prend pas ses larmes au sérieux, satisfait de ses succès scolaires. Souvent les enfants se trouvent désorientés, quand ils entrent en sixième; mais elle, le latin l'amuse; elle a de bonnes notes dans toutes les branches. 'On en fera quelqu'un', m'a dit Jean-Charles. Oui, mais qui? Pour l'instant, c'est une enfant qui a le cœur gros et je ne sais pas comment la consoler.

Questions on the extract

1 Pourquoi Catherine est-elle si anxieuse?

2 Est-ce que le père, Jean-Charles, répond sincèrement aux questions de sa fille?

3 Pourquoi promet-il à Catherine que tout ira bien dans dix ans?

4 Que pensez-vous de la réponse de Catherine?

5 Est-ce que son père a l'air de comprendre les inquiétudes de sa fille?

General Questions

1 Quelles sont les 'belles images' que Simone de Beauvoir trouve si fausses?

2 Est-ce que le père de Laurence est le porte-parole de l'auteur?

Oxford Local Examinations, A Level, June 1983

Guidance for your answers

1 It is enough to refer to the child's anxiety about the future: war, pestilence, famine.

2 To demonstrate Jean-Charles' insincerity, show that he does not deal in facts, which is what the child desperately needs (*Jean-Charles est devenu lyrique*); he refers vaguely to *des organisations* because of course he cannot answer with the chilling truth.

3 Merely to cheer her up now and to escape from further argument.

4 You might say it reveals her logical mind, or her serious character.

5 Clearly not. Note the flippancy of his tone. He seems amused and flattered that Catherine is doing so well academically, and can ask such clever questions. Do not fall into the trap of supposing that the last sentence expresses the father's thoughts: this is Laurence.

General Questions

1 Here is your chance to talk of the false values pilloried in the novel: gross materialism, large parties, insincere conversations, expensive presents instead of love, and so on.

2 To show that de Beauvoir does not speak through Laurence's father, first state his views (drawing on the holiday spent with his daughter) and then point out de Beauvoir's views by showing the main thrust of the novel. Note that she took pains to disclaim identification with Laurence's father. Why?

2 La neige en deuil *(from an examination paper)*

You will have five minutes in which to study this extract. You will then be asked five short questions based on it.

— Tu ne me fais pas peur, Zaïe! C'est moi qui commande.
— Pas pour ça, dit Isaïe.
— Pour ça, comme pour le reste! Je ne me laisserai pas mener par l'innocent du village. Tu ne me feras pas tout rater, à cause de cette singesse!...
Au lieu d'écouter son frère, Isaïe l'observait avec une attention douloureuse. Subitement, il prit conscience du fait que Marcellin était un inconnu pour lui. Ils ne savaient rien l'un de l'autre. Ils n'avaient jamais vécu ensemble. C'était la première fois qu'ils se rencontraient.
— Pourquoi dis-tu que tu es mon frère? demanda Isaïe.
Il se rappelait Marcellin, criant sa joie devant les débris de l'avion, courant vers les cadavres, les retournant, les détroussant avec des mains qui tremblaient de peur et de hâte.
— Mon frère n'aurait pas fait ça, reprit-il. Il n'aurait pas volé l'argent des morts. Il n'aurait pas refusé de secourir quelqu'un dans la montagne. Toi, je ne te connais pas. Tu t'appelles peut-être Marcellin, mais je ne te connais pas. Ôte-toi de mon chemin.
— Salaud! hurla Marcellin. Une dernière fois, vas-tu venir?
— Pas avec toi, dit Isaïe. Pas comme tu le veux...
— Ah! non?
Un coup de poing atteignit Isaïe à la lèvre. Il sentit un goût de sang sur sa langue. Son regard se voila.
— Tu m'as frappé, dit-il doucement. Parce que tu sais que j'ai raison. Un voleur et un assassin. Voilà ce que tu es. Ton âme est méchante. Tu ne mérites pas d'exister...
Le bras de Marcellin se détendit pour la seconde fois, mais Isaïe l'attrapa au vol et le tordit avec force. En même temps, de sa main libre, il cognait cette figure grimaçante, qui s'abaissait devant lui par saccades. Son poing allait et venait sans répit, comme balancé au bout d'un fléau. Il sentait, à travers le gant, la résistance des chairs comprimées. Il entendait le claquement sec des dents, qui se heurtaient à chaque coup. Mais il ne pouvait plus s'arrêter. Ce n'était pas la colère qui le poussait. Son esprit était calme. Comme s'il se fût agi, pour lui, d'accomplir un travail pénible et nécessaire, qui ne souffrait pas de retard. Ecroulé à ses pieds, Marcellin se débattait faiblement, râlait:
— Tu es fou!...Zaïe! Zaïe!...Arrête!...

Questions on the extract

1 Pourquoi est-ce que Marcellin appelle son frère 'l'innocent du village' (l. 3)?

2 Qu'est-ce que Marcellin ne veut pas rater? Qui est 'cette singesse' (l. 4)?

3 Pourquoi Isaïe dit-il à son frère: 'Toi, je ne te connais pas' (l. 14)?

4 Quel effet est-ce que ce passage produit sur le lecteur?

5 'Ce n'était pas la colère qui le poussait' (l. 31). Quoi donc?

General Questions

1 Commentez sur la différence de caractère entre les deux frères.

2 Quelle est l'importance pour le roman de la femme morte?

Oxford Local Examinations, A level, June 1983

Guidance for your answers

1 Refer to Isaïe's accident and to his consequent mental slowness, of which he is himself dimly aware. Mention Marcellin's habit of treating Isaïe as if he were a stupid child.

2 Marcellin intends to pillage all he can from the plane, and is particularly intent on finding the gold which he believes is on board. *'Cette singesse'* is the Indian woman whom Isaïe means to rescue.

3 The elder brother has always idolised the younger, steadfastly refusing to acknowledge his selfish, crude nature. Suddenly he is confronted with a total stranger, rapacious and cruel, not the brother he has brought up.

4 Readers' reactions vary, but most of us feel shocked and repelled by Marcellin's behaviour, and amazed by Isaïe's calm assumption of superiority. His methodical punching of this person now deemed unworthy to live is not particularly admirable either, but it is all of a piece with his simple character.

5 Clearly Isaïe thinks it his duty to rid the earth of this loathsome thief and murderer, so he sets about it calmly, patiently and efficiently.

General Questions

1 The obvious difference (apart from age) is that Isaïe is slow, dull-witted and honest, whereas Marcellin is quick, decisive and devious. Isaïe loves the mountain, his animals and *'la maison'*; Marcellin detests his background, has no wish to become a guide, and tries to sell up so as to make a good living in a sports shop. The painful discussion of a possible sale reveals the brothers' total incompatibility and also Marcellin's heartlessness (*'pauvre idiot – grosse bûche'*). Whereas Isaïe, who acted as midwife to his young brother, will go to

88 / Use of French

any lengths to keep Marcellin happy, Marcellin himself is utterly bored by Isaïe and tells him so.

2 By their reaction to this Indian woman the two brothers reveal their true selves, and surprise each other in the process. To Marcellin she is merely a hindrance, a threat to his plans, but to Isaïe she is a person in distress, to be rescued at whatever cost to himself. This is the point at which the roles are reversed. Isaïe feels utter moral certainty and displays courage; Marcellin behaves callously and greedily, and is terrified of Isaïe. In addition to becoming the hinge of the action, the woman enables Isaïe to show his tenderness and skill.

3 Vipère au poing *(from an examination paper)*

You will have five minutes in which to study this extract. You will then be asked five short questions based on it.

Je me réveillai le lendemain matin, ou, plus exactement, je fus réveillé par Marguerite qui m'apportait sur un plateau un bol de chocolat flanqué de brioches et de tartines beurrées.
— Ça-va-ti, mon gars?
Cette familiarité me choquait bien un peu, mais je me laissai embrasser de bonne grâce.
— Je me lève tout de suite, mademoiselle.
— Mademoiselle! C'est Marguerite que je m'appelle. Et puis tu vas déjeuner au lit. Quand j'étais gamine...
Déjeuner au lit! Je ne croyais pas que ce privilège pût appartenir à toute autre personne que Folcoche. Je ne me fis cependant pas prier et j'attaquai les brioches, tandis que Marguerite continuait à m'expliquer comment la dorlotait feu sa mère, jadis épicière...Oh! épicière! Quel dommage! Marguerite appartenait donc à une des classes les plus viles de la société.
Le chocolat expédié, ce premier chocolat qui reste dans ma vie une date beaucoup plus importante que celle de ma première communion, je me sentis soudain couvert de honte.
— Et la messe! Est-ce que j'ai manqué la messe?
Car il ne me venait point à l'idée de dédaigner le saint sacrifice célébré par un curé qui m'hébergeait si bien.
— Aujourd'hui n'est pas dimanche, répondit calmement la brave femme. Dors encore un peu. Je viendrai te chercher pour aller aux fraises.
— Des fraises, déjà! Chez nous, elles ne seront pas mûres avant un mois. Et puis on les garde pour les invités.
— C'est qu'ici, repartit fièrement la bonne du curé, nous ne barbotons pas dans le brouillard. Et les invités de M. Templerot, c'est toi, c'est les neveux de

M. Templerot, c'est même les petits oiseaux. Y en a six planches qui ont passé l'hiver dans le crottin.
Un pays de cocagne, en un mot. Absolument dépaysé, je passai au bleu la prière du matin – dans une cure, Seigneur! – et, sur le coup de dix heures, je rejoignis 30
Frédie, qui se gavait de fraises des quatre-saisons, dans un jardin bon enfant où les fleurs côtoyaient les légumes. Personne pour nous surveiller. Ce laisser-aller n'était-il pas un piège tendu à notre discrétion?

Questions on the extract

1 Dans quelles circonstances est-ce que Jean Rezeau fait la connaissance de Marguerite?

2 Est-ce que ce garçon a l'habitude de déjeuner au lit?

3 Expliquez la comparaison inattendue entre un chocolat chaud et sa première communion.

4 'Oh! épicière! Quel dommage!' (l. 13) Qu'est-ce qui a habitué le garçon à mépriser les petites gens?

5 Que veut dire la dernière phrase? Pourquoi ce garçon est-il toujours si méfiant?

General Questions

1 Est-ce que Bazin exagère le conflit entre mère et fils?

2 Essayez d'expliquer le titre de ce roman: *Vipère au poing*.

Oxford Local Examinations, A level, June 1983

Guidance for your answers

1 Refer briefly to M. Rezeau's tour of the south-west with Jean and Frédie, and explain that Marguerite is housekeeper to the abbé Templerot.

2 The curt negative will not suffice. A short account of the rigorous daily timetable under Folcoche is needed to back it up.

3 Point out that this hot chocolate in bed is a symbol of warmth, kindness and affection, made memorable because it was a completely new experience. The boy's first communion would stand out less from all the other Catholic rites governing his life (*'le train-train pieux et perfide'*).

4 Refer to both parents' ancestry; to his mother's awareness of her present status; to his father's awareness of the stratification of society (even in folding

of table-napkins!); to his mother's disdainful treatment of those beneath her socially; to the annual reception, ranging from duchess to chemist but no lower. You will not manage to cram all this into your answer, so choose.

5 Since the death of his grandmother this child has never been allowed a treat. His mother's motives are always suspect, and an invitation from her to pick strawberries would have been a trap, to be turned into a punishment. The current seminarist is also suspected of laying traps for his charges.

General Questions

1 You are free to adopt either point of view, depending partly on your own experience of life. The examples from the novel may well be the same, but with different interpretations. For example, if you are convinced by the narrator that his mother is brutal, the attempted drowning of Folcoche will not seem exaggerated or implausible. If the narrator has failed to carry you with him so far, this may seem too much for the reader to take. In either case, try to support your view with as many references as possible to the text.

2 The key passages are of course the opening, the session at the dining table during which Jean compares his mother's gaze to a viper's, and succeeds in staring at this 'viper' for more than eight minutes, the brief glance at his mother asleep and thus rendered harmless, and the very end of the book. You are quite capable of working out your own answer, given these references. There is no trap here!

6b Reading Passages

Reading passage 1

Ainsi se déroulait notre baptême professionnel, et nous commencions de voyager. Ces voyages étaient, le plus souvent, sans histoire. Nous descendions en paix, comme des plongeurs de métier, dans les profondeurs de notre domaine. Il est aujourd'hui bien exploré. Le pilote, le mécanicien et le radio ne tentent plus une aventure, mais s'enferment dans un laboratoire. Ils obéissent à des jeux d'aiguilles, et non plus au déroulement des paysages. Au-dehors, les montagnes sont immergées dans les ténèbres, mais ce ne sont plus des montagnes. Ce sont d'invisibles puissances dont il faut calculer l'approche. Le radio, sagement, sous la lampe, note des chiffres, le mécanicien pointe la carte, et le pilote corrige sa route si les montagnes ont dérivé, si les sommets qu'il désirait doubler à gauche se sont déployés en face de lui dans le silence et le secret de préparatifs militaires. Quant aux radios de veille au sol, ils prennent sagement sur leurs cahiers, à la même seconde, la même dictée de leur camarade: 'Minuit quarante. Route au 230. Tout va bien à bord'.

Saint-Exupéry, Terre des hommes

Reading passage 2

J'avais encore assez de voix pour hurler:
— Si c'est l'indépendance que vous voulez, prenez-la! Et qui, avant de Gaulle, vous avait donné le droit de la prendre?

On applaudit jusqu'à la portée de ma voix, et la foule s'écarta des porteurs de pancartes. Au-delà, commençait une kermesse. A droite, au loin, des cris: des manifestants essayaient de tourner le service d'ordre pour assaillir les tribunes. Puis j'entendis quelques cris très proches, et le vide se fit autour de ma guérite. Une masse brillante siffla à mon oreille gauche, frappa violemment le fond, tomba à mes pieds. Je la ramassai, l'élevai aussitôt au-dessus de ma tête en continuant le discours. C'était une arme que je n'ai jamais revue: un morceau de bois de quarante centimètres, dans lequel était planté perpendiculairement un énorme clou. Il en arriva quelques autres. En approchant, il eût été facile aux lanceurs de m'atteindre à coup sûr.

André Malraux, *Anti-Mémoires*

Reading passage 3

Ils suivirent un petit couloir dont les murs étaient peints en vert clair et où flottait une lumière d'aquarium. Juste avant d'arriver à une double porte vitrée, derrière laquelle on voyait un curieux mouvement d'ombres, Tarrou fit entrer Rambert dans une très petite salle, entièrement tapissée de placards. Il ouvrit l'un d'eux, tira d'un stérilisateur deux masques de gaze hydrophile, en tendit un à Rambert et l'invita à s'en couvrir. Le journaliste demanda si cela servait à quelque chose et Tarrou répondit que non, mais que cela donnait confiance aux autres.

Ils poussèrent la porte vitrée. C'était une immense salle, aux fenêtres hermétiquement closes, malgré la saison. Dans le haut des murs ronronnaient des appareils qui renouvelaient l'air, et leurs hélices courbes brassaient l'air crémeux et surchauffé, au-dessus de deux rangées de lits gris. Des hommes, habillés de blanc, se déplaçaient avec lenteur, dans la lumière cruelle que déversaient les hautes baies garnies de barreaux.

Albert Camus, *La Peste*

Reading passage 4

Le Marquis d'Argenson constate qu'en 1672 ce système est parfaitement au point: 'Notre gouvernement s'est tout à fait arrangé sur un nouveau système, qui est la volonté absolue des ministres de chaque département: l'on a abrogé tout ce qui partageait cette autorité. Ainsi, la cour a pris toute la ressemblance de ce que le cœur est dans le corps humain; tout y passe et y repasse plusieurs fois pour aller circuler aux extrémités du corps'.

Pour faire face à la multiplication des affaires, les secrétaires d'Etat s'entourent d'un nombre grandissant de commis, qui enflent à leur tour, par leur seule présence, le volume des affaires. La 'loi de Parkinson' sévit. Les intendants doublent, puis quadruplent, le nombre de leurs sub-délégués. Ils s'entourent de commis principaux, les commis principaux de commis secondaires, les commis secondaires de scribes. Ils entretiennent, surtout avec le contrôleur général, une correspondance de plus en plus abondante qui, ne pouvant être lue par un seul destinataire, justifie la croissance des bureaux. Le volume des archives s'élève en proportion géométrique.

Alain Peyrefitte, *Le Mal français*

Reading passage 5

J'ai dit le choc que je ressentais, dans les années cinquante, quand, les oreilles encore bourdonnantes de l'activité qui explosait dans les villes allemandes ou américaines, je retrouvais nos villes de province ensevelies sous la routine comme sous une gaine de poussière. Là-bas, un train d'enfer, des gens affairés, des chantiers, des grues, des bulldozers. Ici, des journées au rythme lent, avec un commerce de gagne-petit, des administrations endormies. Douceur de vivre, ou somnolence d'un peuple à son déclin? J'étais frappé par la ressemblance de Provins avec le portrait qu'en avait fait, cent vingt ans plus tôt, Balzac, dans Pierrette.

'N'essayez pas de changer les choses, me disait-on, elles ont toujours été ainsi, elles ne bougeront pas'.

Elles bougèrent cependant, comme partout en France. Elles bougèrent plus en vingt ans que dans les cent ans qui avaient précédé. Ce fut comme par force; et on en est resté tout étourdi. La France garde sa difficulté à s'adapter, sa lenteur à réagir. On ne change pas les acteurs aussi aisément que les décors.

Alain Peyrefitte, *Le Mal français*

Reading passage 6

Depuis quarante ans, sous l'influence des associations de parents d'élèves et des syndicats d'enseignants, on a supprimé tout ce qui incitait les élèves à travailler. Maintenant, il n'y a pratiquement plus de sanctions: retenue, redoublement, avertissement et blâme et toutes les récompenses ont été supprimés: plus de prix, plus de félicitations du conseil de discipline, plus de tableaux d'honneur, de compositions, de classements. Et l'on vient de supprimer les mentions au baccalauréat. Il ne faut plus de forts en thème et il n'y a plus de cancres. Est-ce bien cela la démocratie, et allons-nous vers un système où les connaissances intellectuelles ne seront plus utiles pour prendre des responsabilités, et où nous n'aurons plus aucune garantie concernant les connaissances du médecin que nous irons consulter?

Letter to the French press

Reading passage 7

Je suis fatigué. Ma grippe revient. Et c'est les jambes flageolantes que je reçois le premier coup de New York. Au premier regard, hideuse ville inhumaine. Mais je sais qu'on change d'avis. Ce sont des détails qui me frappent: que les ramasseurs d'ordures portent des gants, que la circulation est disciplinée, sans intervention d'agents aux carrefours, que personne n'a jamais de monnaie dans ce pays et que tout le monde a l'air de sortir d'un film de série. Le soir, traversant Broadway en taxi, fatigué et fiévreux, je suis littéralement abasourdi par la foire lumineuse. Cette orgie de lumières violentes me donne pour la première fois l'impression d'un nouveau continent. Je me couche malade du cœur autant que du corps, mais sachant que j'aurai changé d'avis dans deux jours.

Albert Camus, Journaux de voyage

Reading passage 8

'Pardon, je ne suis pas là. Je rentrerai vers dix-neuf heures trente. Mais si vous laissez votre nom après le bip sonore, je vous rappellerai sans faute. Un instant de patience et vous avez la parole. N'hésitez pas. A bientôt'. Vous voilà branché sur un répondeur téléphonique. Difficile actuellement de joindre son meilleur ami, le garagiste ou une entreprise de vente par correspondance sans tomber sur une voix enregistrée qui débite un message et vous somme de décliner votre identité. Ces machines à rendre présente l'absence, après des années de balbutiements, commencent à se multiplier et se sophistiquent. Pour rassurer les correspondants, certains propriétaires de répondeurs redoublent d'imagination et de talent. Fond musical, voix suave, message humoristique ou même chanté. Tout est bon.

Marysa Wolinska, Le Monde Dimanche

Reading passage 9

A l'écart de Paroy, une petite église gothique, juchée sur un monticule, défie le ciel et appelle la foudre. Elle a brûlé plusieurs fois depuis le XIIIe siècle.

'Vous devriez faire mettre un paratonnerre, dis-je au maire. Vous n'êtes pas à l'abri d'une mauvaise surprise'. Il se récria: 'Elle n'est pas à moi, elle est aux *beaux-arts*. Vous pensez, je ne peux pas y toucher! Si on déplaçait un clou, on se ferait taper sur les doigts'. De fait, l'église est classée 'monument historique'. Ce n'est donc plus son affaire. Il ne s'en plaint pas. Demander un paratonnerre, ce sont des journées de paperasses. Le poser, ce serait avoir maille à partir avec l'administration. Mais, avec cette consciencieuse sagesse qui anime presque tous les maires ruraux, le maire de Paroy fit au moins ce qui ne dépendait que de lui: il s'assura. Bien lui en prit: quelques semaines plus tard, la foudre tomba derechef sur l'église, qui brûla avant l'arrivée des pompiers.

Alain Peyrefitte, Le Mal français

Reading passage 10

Sur l'escalier en bois de la vieille résidence coloniale qui, à Cayenne, servait de préfecture, un couple attendait sur chaque marche. En haut, le général de Gaulle serrait les mains de ses invités...les *notoires*, comme il les appelait. L'huissier 'aboyeur' annonçait:
— Monsieur le directeur de l'Enregistrement et Madame...
— Monsieur le directeur de l'Action sanitaire et Madame...
— Monsieur le directeur de l'Agriculture et Madame...
— Monsieur le directeur des Archives et Madame...

Le général se pencha vers moi entre deux poignées de main: 'Ils sont tous directeurs!' La Guyane, c'étaient trente-cinq mille habitants. Mais on y trouvait exactement les mêmes directions et subdivisions que dans n'importe quel département métropolitain; un microcosme administratif, transplanté sous les palmiers et resté intact, tel un château fort médiéval reconstruit pierre à pierre en Californie.

Quand le défilé des directeurs eut pris fin, j'interrogeai quelques-uns d'entre eux sur l'évolution de ce lointain morceau de France. Là-dessus je n'appris pas grand-chose. Ils semblaient ne s'intéresser qu'à leur domaine propre. Ils habitaient des compartiments hermétiques.

Alain Peyrefitte, *Le Mal français*

Reading passage 11

Avec la 'massification' de la vie moderne, la chicane a pris les dimensions d'une lutte de classes, qui met à vif un sentiment toujours plus insupportable de l'inégalité.

Aujourd'hui il y a beaucoup moins d'inégalités qu'à la Belle Epoque ou que dans l'entre-deux-guerres. Mais elles sont beaucoup mieux connues et donc plus provocantes. La télévision, la publicité des magazines, multiplient les images d'une existence luxueuse, les plantent dans l'imagination quotidienne – créatures de rêve, vacances lointaines. La multiplication des biens ne permet plus de limiter le désir de consommer. On avait une paire de sabots, et on s'en satisfaisait; on a trois paires de chaussures, et cela ne suffit plus, si le voisin en a cinq. On ne peut plus supporter les différences. L'éventail des revenus a beau se resserrer un peu, il s'agite sous tous les visages. L'inégalité a reculé, l'envie sociale a progressé.

Alain Peyrefitte, *Le Mal français*

Reading passage 12

Pourquoi honorer les vieux rites d'une guerre civile? Il est temps que les deux Frances, si souvent et si artificiellement dressées l'une contre l'autre, surmontent leurs ressentiments. L'histoire du Queyras montre que ce n'est pas impossible. Dans des vallées reculées des Hautes-Alpes, on l'a vu, la haine n'a jamais désarmé, depuis le XVIe siècle jusque vers 1960, entre les protestants et les catholiques. Pourtant, ils ont accompli leur révolution mentale. Vers 1960 le curé et le pasteur de Vars se sont trouvés ensemble vouloir sortir de cette mécanique infernale. L'occasion fut la construction d'un nouveau lieu de culte. Divisés, catholiques et protestants ne pouvaient rebâtir une église *plus* un temple. Ils s'unirent pour construire un édifice commun. Vous pourrez même y voir une vieille statue de la Vierge en bois doré. C'est le pasteur qui a demandé au curé de l'y transporter. Aujourd'hui, d'une religion à l'autre, les gens se parlent et les jeunes peuvent se marier.

Alain Peyrefitte, *Le Mal français*

Reading passage 13

Dans la plaine de Brie, s'étirent de petites rivières bordées d'arbres. Parfois un tronc mort, une grosse branche cassée par le vent, y tombent, formant barrage. Quand de fortes pluies gonflent le ru, c'est l'inondation. Une pelle mécanique suffirait à dégager les obstacles. Saisie de la question, l'administration met sur pied – en plusieurs années – un projet grandiose. Voilà le ru métamorphosé en canal à grand gabarit. Dans l'opération, le rideau d'arbres qui le bordait disparaît.

Quand le perfectionnisme s'allie à l'ignorance, on obtient l'aventure du sanatorium du Tampon, à la Réunion. Le préfet me la conte en me le faisant visiter. 'Nous avions envoyé le projet, parfaitement au point, au ministère de la Santé. Il n'y manquait que le visa. Au bout d'un an, on nous l'a renvoyé non visé. Pourquoi? Parce que tout sanatorium doit être orienté au midi, pour bénéficier d'un ensoleillement maximum; et nous avions orienté le nôtre au nord. Le bureau qui avait mis un an pour faire cette réponse n'oubliait qu'une chose: c'est que la Réunion est dans l'hémisphère austral, et qu'à midi, le soleil est au nord.'

Alain Peyrefitte, *Le Mal français*

Reading passage 14 *(from an examination paper)*

Les métiers du cinéma, de la télévision et de la radio ont toujours exercé une grande fascination. Qui n'a pas rêvé d'être acteur, animateur ou réalisateur? Mais jusqu'à présent, dans ce domaine, les carrières étaient peu nombreuses, et surtout périlleuses. Aujourd'hui, en revanche, l'univers de l'image et du son touche toutes les activités de la société. On le constate déjà dans l'enseignement, pour n'en signaler qu'une seule. Mais les métiers de l'image et du son sont en pleine mutation, et que l'on ne se trompe pas là-dessus: nous sommes tous au seuil d'une nouvelle ère de communication. Le développement rapide de l'électronique et de l'informatique, l'importance croissante de l'information au sein de la vie professionnelle et privée, la crise de l'énergie même, tout contribue à donner une place prépondérante à la communication audio-visuelle.

Oxford Local Examinations, A level, June 1983

Reading passage 15 *(from an examination paper)*

De forme sensiblement carrée, assez élevée de plafond, la chambre de Colin prenait jour sur le dehors par une baie de cinquante centimètres de haut qui courait sur toute la longueur du mur à un mètre vingt du sol environ. Le plancher était recouvert d'un épais tapis orange clair et les murs tendus de cuir naturel. Le lit ne reposait pas sur le tapis, mais sur une plate-forme à mi-hauteur du mur. On y accédait par une petite échelle de chêne garnie de cuivre rouge blanc. La niche formée par la plate-forme, sous le lit, servait de boudoir. Il s'y trouvait des livres et des fauteuils confortables, et la photographie d'un chanteur. Colin, qui dormait encore, était étendu à plat ventre, les bras autour de son traversin, et bavait comme un vieux bébé.

Oxford Local Examinations, A level, June 1983

9 Use of French

General

The exercises in this chapter are, taken together, a way of testing fluency and accuracy in the writing of French, without calling for translation from English.

A paper of this kind already figures in the alternative syllabus of one major examination board, and there is likely to be increasing use of similar techniques, as a substitute for Prose Composition.

In any case, these exercises provide a relatively agreeable way of practising skills, and of revealing gaps in knowledge. There is no reason why they should not be approached partly as a game, but it must be remembered that you can only play successfully if you know the rules, and have a reasonable command of French vocabulary and idiom.

The tests are set out as in an exam paper, with blanks to be filled in, but **please write your answer on a separate sheet of paper, not in the book.**

1 Insert one of the following:

> *l'époque, la fois, l'heure, la saison, le temps*

in each of the blank spaces, as seems appropriate.

C'est .... du goûter.

Ne parlez pas tous à ....

A .... des vendanges il y a tant à faire.

Impossible! Je n'ai pas ....

Mon grand-père vivait à .... des grands explorateurs.

2 Complete the sentences below by placing one or other of the following in the blank space at the beginning. Use each only once.

> *Il faut, Il me faut, Il m'a fallu, Il s'en fallait, Peu s'en fallut*

.... deux mille francs

.... deux heures pour l'achever

.... de deux mille francs

.... qu'il ne fût écrasé

.... que tu te sois trompé

3 Write *droit* or *droite* in the blank spaces, as appropriate.

tournez à ....　　　angle ....

allez tout ....　　　professeur de ....

ligne ....

4 Write

> *aussitôt, bientôt, plus tôt, plutôt, tantôt, tôt*

in the blank spaces, as appropriate. Do not use any of these in more than one place.

C'est déjà le mois de mai; l'été est .... là.

Je trouve ça .... malhonnête.

Tu aurais dû arriver ....

Faites-le .... que vous vous trouverez à Londres.

Revenez au plus ....

Elle ne voyait plus son compagnon de ....

5 Place one of the following words in the blank spaces, forming, with the verb, a recognized expression, such as *sentir bon*.

cher, clair, court, creux, droit, faux, ferme, fort, haut, lourd

Do not use any of these words more than once

chanter ....   parler ....

couper ....   peser ....

coûter ....   sonner ....

marcher ....   tenir ....

monter ....   voir ....

6 Use the words in brackets to form the questions which are answered by the following statements.

Example: J'ai parlé avec le secrétaire. (qui)

Answer: Avec qui avez-vous parlé?

1 Nous faisons du français depuis cinq ans. (depuis combien de temps)

2 J'ai fait l'étape Paris-Lyon par le T.G.V. (comment)

3 C'est demain que je vais partir. (quand)

4 C'était à la campagne qu'elle se trouvait le mieux. (où)

5 Il s'était servi d'un vieux canif. (quoi)

7 Rewrite the following sentences, filling in the gaps with the appropriate preposition and/or pronoun(s).

Example: Je lui ai expliqué .... je voulais.

Answer: Je lui ai expliqué ce que je voulais.

1 C'est la question .... elle ne voulait pas répondre.

2 Impossible de dire .... cela ressemble.

3 Dans le tiers-monde beaucoup de gens n'ont pas .... vivre.

4 Merci du beau cadeau; c'est exactement .... j'avais besoin.

5 C'est un événement .... je ne me souviens plus.

6 Voilà .... il me faut.

7 Cinq ou six personnes entouraient mon lit .... j'ai reconnu mon frère.

8 Fill in the blank spaces in the centre with words taken from the right-hand column which are nearest in meaning to those on the left. Use all the words in the right-hand column.

arriver	....	ailleurs
aussitôt	....	charbon
autre part	....	d'ailleurs
bien que	....	effectivement
détruire	....	rehausser
en outre	....	immédiatement
hôte	....	invité
houille	....	perdre
soulever	....	quoique
vraiment	....	se passer

9 Fill in the blank spaces in the centre with words taken from the right-hand column which are nearest in meaning to those on the left. Use all the words in the right-hand column.

agaçant	....	sympathique
béni	....	sensible
endommagé	....	raisonnable
exemple	....	modèle
fastidieux	....	heureux
gentil	....	figure
injurié	....	fâcheux

102 / Use of French

> perceptible .... ennuyeux
>
> sensé .... blessé
>
> visage .... outragé

10 Rewrite the following sentences, selecting from the list below an appropriate idiom to be used in place of the expressions in italics and making any adjustments which you think necessary.

coup de tête, coup de foudre, être dans le coup, donner un coup de main, coup d'état, du premier coup, tenir le coup, à coup sûr, par à-coups, après coup

1 Tu es surchargée de travail, maman. Veux-tu que je *t'aide un peu?*

2 Cet élève a fait de bonnes études et il a été reçu au bac *la première fois.*

3 Espérons, monsieur le ministre, que les insurgés ne réussiront pas *une conquête du pouvoir* en Ruritanie.

4 Grand-père se sent un peu perdu dans le monde moderne. Il *ignore ce qui se passe.*

5 Acheter une telle maison à Nice, à un prix si élevé, c'est *un acte irréfléchi.*

6 Elle a souffert tant de malheurs qu'elle se demande si elle *les surmontera.*

7 Papa nous a toujours dit qu'avec maman, ç'a été *l'amour dès la première rencontre.*

8 Ne vous en faites pas. Votre fils arrivera *infailliblement.*

9 Il s'avisa seulement *plus tard* que sa fille lui avait menti.

10 Les choses éclatantes, on les fait généralement *d'une façon intermittente.*

11 In the following sentences insert

mal or *part* or *tant*

provided it is appropriate and correct. Otherwise insert X.

1 J'ai .... de plaisir à vous revoir.

2 Il a le pied marin; il n'a jamais le .... de mer.

3 Ils ont du .... à joindre les deux bouts.

4 Vous en savez .... que lui.

5 Mes affaires vont de .... en pis.

6 .... va la cruche à l'eau qu'à la fin elle se casse.
7 C'est une mauvaise plaisanterie qu'il a prise en bonne ....
8 Est-ce que vous faites .... de ce club, monsieur?
9 Elle est gentille; elle ne fait rien de ....
10 Je n'ai vu cela nulle .... ailleurs.
11 Il était faible, ... au physique qu'au moral.
12 Je viens de recevoir un faire- .... de mariage.

12 Finish each of the following sentences in such a way that it means the same as the sentence printed before it.

Example: Je le croyais malade.

Answer: Je croyais *qu'il était malade*.

1 On avait employé une formule tout à fait nouvelle.

La formule ....

2 Partir sans guide serait une grande imprudence.

Ce ....

3 Peut-être que je serai là avant vous; en ce cas je laisserai la porte ouverte.

Si ....

4 Bien que l'hiver approchât, on se mit en route.

Malgré ....

5 A son arrivée à la villa elle a trouvé la porte fermée à clef.

Quand ....

6 Vu la nécessité d'agir vite, j'ai déjà téléphoné à l'agent.

Puisque ....

7 Dites-moi: qu'est-ce que c'est qu'un paléontologue?

Donnez-moi ....

13 Finish each of the following sentences in such a way that it means the same as the sentence before it.

1 On avait réuni les informations utiles dans un petit carnet.

Les informations ....

2 Une chose inattendue s'est passée.

   Il ....

3 Sans l'appui du ministre ces projets auraient tous échoué.

   Si ....

4 L'imagination est la seule chose qui leur manque.

   Tout ....

5 Il n'admet pas tout ce qu'il en sait.

   Il en sait ....

6 L'architecte lui avait dessiné une cuisine moderne.

   Elle s'était ....

7 En donner une idée même approximative est une tâche impossible.

   C'est ....

8 Duparc seul avait traversé les déserts de l'intérieur.

   Duparc était ....

14 Finish each of the following sentences in such a way that it means the same as the sentence printed before it.

1 Il est trop indulgent; c'est un défaut.

   Son défaut ....

2 D'abord j'examine le contrat; je saurai alors s'il ment.

   Lorsque ....

3 Aussi ne faut-il pas s'étonner qu'il le refuse.

   Voilà ....

4 Des voyous avaient défoncé la porte.

   La porte ....

5 Il faut passer par une magnifique allée; alors seulement on se trouve devant la grande porte.

   Avant ....

6 Si favorable que soit l'occasion, il vaudrait mieux y réfléchir davantage.

   Quoique ....

7 Elle n'aimait pas ces suspensions en cuivre.

  Ces suspensions ....

15 In the following sentences insert

$$à \text{ or } de$$

provided it is appropriate and correct. Otherwise insert X.

1 Je viens ..... faire une grippe.

2 Il fallait ..... trouver un autre hôtel.

3 Il tient ..... obtenir le plus haut prix.

4 On écoutait ..... leur conversation.

5 C'étaient les premiers hommes ..... pénétrer dans ce gouffre.

6 Je doute ..... la réalité de cette petite histoire.

7 Il n'est pas venu ..... dire au revoir à mes parents.

8 Elle est prête ..... nous recevoir.

9 Il vaudrait mieux taire ..... cela.

10 On essayait ..... sauver le petit chien.

16 In the following sentences insert

$$à \text{ or } de$$

provided it is appropriate and correct. Otherwise insert X.

1 Ils sont allés ..... voir l'exposition.

2 La hausse des prix était ..... 12%.

3 Il faut renoncer ..... ce projet.

4 J'ai acheté du riz ..... l'épicier.

5 La petite fille prit quelque chose ..... sa poche.

6 J'hésite ..... m'engager.

7 On a ri ..... notre ignorance.

8 Comment cacher cela ..... son mari?

9 Je désire ..... renouveler mon abonnement.

10 Il avait négligé ..... fermer la fenêtre de la cuisine.

17 In the following sentences insert

$\qquad$ à or *avec* or *par*

provided it is appropriate and correct. Otherwise insert X.

1 Ils me prièrent .... entrer chez eux.

2 'Parfaitement!' fit-il, ... un petit peu de malice.

3 Si vous réussissez .... retrouver l'ancien, tant mieux.

4 Le petit s'amusait .... patauger dans toutes les flaques.

5 Son porte-feuille était bourré .... papiers.

6 La pauvre bête était étendue .... terre.

7 Il enfonça la porte .... coups de pied.

18 In the following sentences insert

$\qquad$ *de* or *par* or *pour*

provided it is appropriate and correct. Otherwise insert X.

1 Je vais en ville trois fois .... semaine.

2 Il m'a demandé .... l'accompagner.

3 Il espère .... me voir demain.

4 Qu'est-ce qu'on va manger .... dessert?

5 Elle s'est décidée .... s'en occuper.

6 Le voleur est sorti .... la fenêtre.

7 Je me rappelle .... son nom.

8 Mon grand-père a toujours été bon .... moi.

9 D'abord la petite fille m'a boudé, mais elle a fini .... m'embrasser.

10 Elle n'est pas assez grande .... apprendre cela.

11 C'est une tradition qui passe .... père en fils.

12 L'avion s'est posé .... terre à minuit.

19 In the following sentences insert

$\qquad$ à or *au* or *dans* or *en* or *sur*

provided it is appropriate and correct. Otherwise insert X.

1 .... printemps il y a la possibilité d'inondations.

2 Un habitant .... cinq n'est pas indigène.

3 Nos invités arrivent .... le 17 du mois.

4 .... trois semaines ce sera mon anniversaire.

5 Notre directeur est actuellement .... Japon.

6 Vous trouverez ce détail .... la page 31.

7 On croit que les éruptions influent .... le temps.

8 Il sait jouer .... violon.

9 Mon grand-père a été blessé .... la guerre de 1914.

10 La gare est .... deux kilomètres de la ville.

20 In the following sentences insert

chez or *de* or *d'* or *en* or *pour*

provided it is appropriate and correct. Otherwise insert X.

1 Jean-Paul est le plus âgé .... deux ans.

2 Les enfants ont dû passer la nuit .... les voisins.

3 Je l'ai vendu .... 2 000 francs.

4 Il l'avait ouvert .... insinuant une carte de crédit.

5 Elle demeure .... Marseille.

6 On trouverait cela .... une pâtisserie.

7 C'est assez grand .... recevoir deux autos.

8 Je m'excuse .... l'insuffisance de mon français.

9 Ils m'ont invité .... m'asseoir au premier rang.

10 Le déménagement fut effectué .... trois jours.

21 In the following sentences insert

avant or *devant* or *entre* or *jusqu'à* or *selon*

provided it is appropriate and correct. Otherwise insert X.

1 Le bureau n'est pas ouvert .... 10 heures.

2 Ils se battaient .... eux.

3 La fenêtre de ma chambre donnait .... une petite cour.

108 / Use of French

    4 Toute la famille, ... la plus petite, était de sacrés chapardeurs.

    5 Enfin je suis arrivé .... la porte de l'immeuble.

    6 .... lui, il fallait rapatrier tous les noirs.

    7 On est obligé de traverser la voie .... arriver sur le quai.

22 Insert in the blank space in the following sentences the word from the list in brackets which you consider correct in this context.

    1 Ce n'est vraiment pas ma faute. Je n'y .... pour rien.
      (compte, passe, peux, suis)

    2 Il y a dix mille morts .... an dans les accidents de la route.
      (chaque, par, pour, tout)

    3 Je n'ai pas la .... idée de l'âge qu'elle peut avoir.
      (miniscule, moindre, plus légère, seule)

    4 Veux-tu me prêter cent francs jusqu'à la semaine ....?
      (d'après, future, prochaine, suivante)

    5 La première .... du cinéma commence à 18 heures.
      (performance, réunion, séance, session)

    6 Son fiancé lui a dit un tas de choses ....
      (agréables, aimables, plaisantes, suaves)

    7 Il y a beaucoup de plats dont Madame ne mange pas. Elle est très ....
      (affamée, affectée, difficile, fastidieuse)

    8 Comment osez-vous me parler .... ce ton?
      (dans, de, en, sur)

    9 Il fumait. Je voyais le bout de sa cigarette qui .... dans l'obscurité.
      (brillait, étincelait, flamboyait, luisait)

    10 Si je veux maigrir, il me faudra suivre un ....
      (jeûne, menu, régime, système)

23 Rewrite each of the following sentences, keeping it as near as possible to the original meaning, but making use of the verb whose infinitive is given in brackets in place of the one in italic.

    1 A ce point les femmes *ont commencé* à hurler. (mettre)

    2 Elle *a épousé* son professeur. (marier)

3 Ils *ont ri* de nos efforts. (moquer)

4 Il *désire* passer ses vacances en Autriche. (tenir)

5 Pour la meilleure cuisine nous *devons* aller en France. (falloir)

6 On *s'intéresse* peu aux réfugiés. (occuper)

7 Je *ne crois pas à* la réalité de toutes ces histoires. (douter)

24 For each of the following sentences write a new sentence *whose meaning is as close as possible to that of the original sentence*, but which includes the word(s) given in capital letters.

1 Tu essaies en vain de me persuader.

BEAU ....

2 Ces mots de son fils l'ont blessée.

MAL ....

3 Ils venaient de trouver un abri lorsque l'orage éclata.

PEINE ....

4 Ce silence inaccoutumé les effrayait.

PEUR ....

5 Sa renommée s'était répandue d'un bout de l'Europe à l'autre.

PAR ....

6 La provision de serviettes était épuisée.

PLUS ....

7 Tu peux conduire, si, seulement, tu as ton permis.

POURVU QUE ....

25 For each of the following sentences write a fresh sentence *whose meaning is as close as possible to that of the original sentence*, but which includes the word(s) given in capital letters.

1 Ils avaient manqué l'avion à cause du retard de l'autocar.

PARCE QUE ....

2 On surveille la maison depuis trois jours.

IL Y A ....

3 Mes visiteurs seront peut-être là jusqu'au 15.
   POSSIBLE ....

4 Il faudra faire renouveler votre passeport lors de votre rentrée en France.
   QUAND ....

5 Le concierge me regardait fouiller sous le lit.
   QUI ....

6 Tu peux conduire, si, seulement, tu portes toujours ton permis.
   A CONDITION DE ....

7 Il ne buvait que de l'eau de source, parce qu'il était excessivement prudent.
   PAR ....

26 For each of the following sentences write a fresh sentence *whose meaning is as close as possible to that of the original sentence*, but which includes the word(s) given in capital letters.

1 Il ne voulait point s'exposer à de tels dangers.
   ENVIE ....

2 Les billets s'achètent dans toutes les agences.
   N'IMPORTE ....

3 Pendant qu'ils descendaient l'avenue, père et fille bavardaient vivement.
   TOUT ....

4 A l'occasion de la naissance de notre fille j'arrivais justement d'Amérique.
   JOUR OÙ ....

5 Les voyageurs ne doivent pas traverser la voie.
   INTERDIT ....

6 Ils parlaient tous ensemble.
   FOIS ....

7 Deux choses seulement restaient à faire.
   NE...QUE ....

27 For each of the following sentences write a fresh sentence *whose meaning is as close as possible to that of the original sentence*, but which includes the word(s) given in capital letters.

1 Le sujet de sa pensée était bien différent.

   PENSAIT ....

2 Dites-moi le nom de cette jeune fille-là.

   COMMENT ....

3 Ils ne sont guère riches, mais ils ont assez pour vivre.

   QUOI ....

4 L'existence de ces droits de passage date du XVIIIe siècle.

   DEPUIS ....

5 Elle n'aimait pas qu'on la tutoyât.

   ETRE ....

6 On pourrait obtenir une subvention.

   POSSIBLE QUE ....

7 Ce ne sera pas long avant qu'elle se remette.

   TARDERA ....

28 For each of the following sentences write a fresh sentence *whose meaning is as close as possible to that of the original sentence*, but which includes the word(s) given in capital letters.

1 Quel est le mot français pour 'hovercraft'?

   COMMENT ....

2 Tout ce qui était nécessaire, c'était un petit tournevis.

   BESOIN ....

3 Le nouveau président donna l'ordre de libérer tous les prisonniers.

   QU'ON ....

4 On craignait que les prix n'augmentent de nouveau.

   AUGMENTATION ....

5 Il y a trois mois qu'on cherche une remplaçante.

   DEPUIS ....

6 J'ai dû travailler pour deux à cause de la maladie de mon collègue.

   PARCE QUE ....

7 On l'a priée de s'asseoir.

   DEMANDÉ ....

29 For each of the following sentences write a fresh sentence *whose meaning is as close as possible to that of the original sentence*, but which includes the word(s) given in capital letters.

1 L'inventaire comprend trois sections.

   CONSISTE ....

2 Les deux routes sont d'une longueur égale.

   AUSSI ....

3 Les employés n'aimaient pas du tout la nouvelle direction.

   PLAISAIT ....

4 Assurément on allait me blâmer.

   ETAIT ....

5 Il y en a beaucoup d'autres dans le garage.

   MANQUE ....

6 D'habitude, il ne lisait que les résultats sportifs.

   BORNAIT ....

7 On ne raconte pas ça à tout le monde.

   N'IMPORTE ....

30 Place the following words in the numbered spaces in the text, where they fit the sense and the context, using each word only once:

appels, court, d'embouteillages, estivale, expert, flèches, guettait, indifférent, non-respect, peur, piétons, proie, rapport, sanglants, secondaires, s'en tirera, tôt, un, vie, vitesse.

How road accidents happen

Les victimes de la route, constate le secrétaire d'Etat, semblent la .... [1] d'un sens de fatalité. Les mises en garde, les .... [2] à la prudence laissent l'automobiliste .... [3] persuadé que lui-même .... [4].

Le drame de l'automobile, dit le premier ministre, c'est que chaque conducteur se prend pour un .... [5]. La .... [6] du gendarme n'existe plus, ajoutent les gendarmes eux-mêmes.

Cet été, une fois de plus, les Français, convaincus que le chemin le plus .... [7] entre deux points est la route nationale, ont ignoré les .... [8] qui les invitaient sur les routes .... [9]. Plaqués sous le soleil, exaspérés par des kilomètres .... [10], pressés d'arriver, la faute d'attention, cause numéro .... [11] des accidents de la route, les .... [12]. Les autres causes principales, étaient le .... [13] de la priorité (17%) et la .... [14] excessive (14%). En période .... [15], la surcharge des voitures multiplie d'autant le nombre des victimes, qui ne sont pas toujours des automobilistes. 25% sont des .... [16]. 23% sont des cyclistes ou des cyclomotoristes. Dans le monde entier, juillet et août sont les mois les plus .... [17]. Selon un .... [18] anglais, plus de la moitié des enfants déjà nés seront blessés .... [19] ou tard dans un accident de la route. Un sur cinquante y laissera sa .... [20].

Paris-Match

31 Place the following words in the numbered spaces in the text, where they fit the sense and the context, using each word only once:

appartient, dressée, écrans, fusée, l'éclat, parmi, pas, pénible, petit, postérité, prises, récits, réussite, témoignage, tout autant, tremblotantes.

Paris-Match records the first landing on the moon

Paris-Match est le premier journal au monde à publier, avec .... [1] de la couleur, l'ensemble prestigieux de photographies qui fixent pour la .... [2] l'exploit des premiers conquérants de la Lune. Ce numéro .... [3] à l'Histoire. Il porte .... [4] de l'aventure à laquelle, pour la première fois, tous les habitants de la Terre ont participé par l'émotion et la ferveur, en ces heures du .... [5] matin où, en France, se dessinaient sur les .... [6] de télévision les images .... [7] des deux pionniers de l'exploration planétaire. Tous les miracles de la technique et de la science ont prouvé que l'humanité était déjà plus puissante qu'elle n'osait l'imaginer. Ces premiers .... [8] hésitants sur la Lune signifient que les étoiles sont un nouvel empire offert à l'activité humaine. Dès que l'immense .... [9] Saturne qui porte Apollo XI s'est .... [10] vers le ciel, à Cap Kennedy, PARIS-MATCH a compté .... [11] les journaux du monde qui, semaine après semaine, ont consacré le plus d'images et le plus de .... [12] à cette gigantesque entreprise. Mais lorsque la .... [13] fut éclatante, alors commença une longue et .... [14] attente pour des journalistes impatients d'offrir à leurs lecteurs les véritables documents. Les photographies en couleur que les astronautes avaient eux-mêmes .... [15] furent soumises, comme eux, à une quarantaine qui, beaucoup plus brève, fut .... [16] rigoureuse.

Paris-Match

32 Place the following words in the numbered spaces in the text where they fit the sense and the context, using each word only once:

après, arrivait, banc, caractère, chance, désagréable, descendîmes, devait, ensuite, exception, exemple, face, fois, odeur, originale, peinture, personne, prétention, province, quai, rang, restait, sortir, vécu, vu.

Il .... [1] être minuit environ quand nous .... [2] l'escalier de la station Duroc. Le .... [3] était désert, à l' .... [4] d'un ivrogne vautré sur un .... [5]. En .... [6], sur l'autre quai, il n'y avait .... [7]. J'éprouvai une impression .... [8], sans doute parce qu' .... [9] l'animation de la rue, le silence avait un .... [10] hostile, tandis que l' .... [11] du désinfectant rappelait celle d'un établissement de bains. Mais nous avions de la .... [12] d'habiter Paris, après avoir .... [13] si longtemps en .... [14]. Ici, on pouvait .... [15] tous les soirs; on pouvait voir des films en version .... [16], de vieux classiques comme *Les Fraises sauvages* par .... [17]. Il nous .... [18] d'aller au théâtre – jamais plus d'une .... [19] par mois – quand il .... [20] des places à l'orchestre, de face, entre le deuxième et le septième .... [21]. Nous ne rations jamais une exposition, d'abord parce que la .... [22] est une marotte chez moi, ... [23] pour faire enrager mon beau-frère qui a la .... [24] de tout connaître et d'avoir tout .... [25].

Pierre Moustier, *Un Crime de notre temps*

33 Place the following words in the numbered spaces in the text where they fit the sense and the context, using each word only once:

accéder, atteindre, aucune, concourt, déambulent, devise, en, inscrite, lunettes, main, métallurgiste, moindre, moyens, pinceau, presse, raison, regardent, réunis, supposer, yeux.

Efficiency(?) in a star Rumanian factory

Tout .... [1] à donner une impression d'efficacité. Dans les ateliers les ouvriers travaillent sous le regard des portraits de Ceaucescu et lisent, dès qu'ils lèvent les .... [2], la .... [3] du pays: 'Pas de travail sans pain, pas de pain sans travail', ... [4] en grandes lettres rouges. Cet étalage d'objectifs ambitieux: doubler la production .... [5] cinq ans, pourrait laisser .... [6] une organisation modèle. Bien au

contraire. Entre les différents bâtiments des ouvriers .... [7] sans .... [8] apparente. Autour des machines, des petits groupes sont .... [9], une personne travaille, trois la .... [10]. Sur une locomotive, un homme peint la toiture à la .... [11] avec un simple petit .... [12]. Un peu plus loin, un .... [13] tire une pièce d'acier en fusion pour la placer sous une .... [14] avec ses gants. Un pont roulant se déplace sans .... [15] sécurité. Pour y .... [16]: une échelle de corde. Un homme soude sans la .... [17] protection: ni gants ni même de .... [18].
Cette contradiction entre les objectifs ambitieux fièrement affichés et la faiblesse des .... [19] employés pour les .... [20] est caractéristique de la Roumanie d'aujourd'hui.

N.F., *Le Figaro*

34 Place the following words in the numbered spaces in the text where they fit the sense and the context, using each word only once:

accosta, affecté, affluer, assurer, but, chance, chantiers, chaque, coque, d'apprendre, d'épargne, depuis, don, dressés, état, façon, futures, passé, peints, soins.

A three-masted sailing ship, the '*Belem*', is restored and opened to the public

Construit en 1896 par les .... [1] Dubigeon, ... [2] au transport de cacao, le navire était en fort mauvais .... [3] lorsque, le 27 janvier 1979, l'Union nationale des caisses .... [4] le racheta pour en faire .... [5] à la fondation Belem.

Pour sauver le *Belem*, lui donner une .... [6] de naviguer à nouveau, beaucoup de volonté, de .... [7], d'argent sont nécessaires. A Brest, la marine nationale avait effectué sur la .... [8] les réfections les plus urgentes. Mais lorsque le navire .... [9] quai de Suffren, une énorme somme de travail restait à .... [10].

.... [11] un an, sous l'impulsion d'un historien spécialiste des grands voiliers, on a progressé d'une .... [12] spectaculaire. Les mâts ont été .... [13], les vergues calées, les espars .... [14] en blanc. Le gréement dormant est en place. Les travaux poursuivaient un double .... [15]: ouvrir le navire au public; préparer les navigations .... [16].

Le trois-mâts est maintenant ouvert aux visiteurs, ... [17] jour sauf le lundi. Déjà les visiteurs commencent à .... [18]: ils sont tous respectueux du .... [19] prestigieux de la voile, tous curieux .... [20] ce qu'était un trois-mâts.

Adapted from Jean-Michel Barrault
Le Figaro

116 / Use of French

35 For each of the following sentences write a fresh sentence which gives the same information, *substituting another expression for the words in italics*, and making any other changes you consider necessary:

Example: *Je compte* prendre mes vacances au mois de juillet.
Answer: J'ai l'intention de (*or* J'espère) prendre mes vacances au mois de juillet.

1 Il a *pris le parti* de retirer sa candidature.

2 *Au fur et à mesure* des agents s'étaient insinués dans l'organisation.

3 *Il n'y a que* les vieilles gens qui sont restés.

4 Le portier *s'entretenait longuement* avec un chauffeur de taxi.

5 On *avait oublié* où se trouvaient les pièces.

6 Faites *comme il vous plaira*.

7 On va sortir pour dîner, si tu *en as envie*.

8 *Qu'est-ce que c'est qu'*une grève tournante?

36 For each of the following sentences write a fresh sentence which gives the same information, *substituting another expression for the words in italics*, and making any other changes you consider necessary:

1 La réclame avait attiré *pas mal de monde*.

2 *Actuellement* il est aux Etats-Unis.

3 C'est lui qui est *responsable du contrôle* des dépenses.

4 On fera de son mieux pour achever le travail *dans le délai fixé*.

5 Il n'est que trop facile de *s'égarer* dans ces grandes forêts.

6 Nous ne serons pas de retour *pour la rentrée des classes*.

7 L'employé du guichet *ne m'a pas quitté des yeux*.

37 For each of the following sentences write a fresh sentence which gives the same information, *substituting another expression for the words in italics*, and making any other changes you consider necessary:

1 *Il se peut* que ce fût un accident.

2 *Il s'était passé* une catastrophe.

3 Il avait acheté une moto *à l'insu de* ses parents.

4 On peut *faire la location des* canots en aval du pont.

5 C'est à toi de continuer. Moi, je *n'en peux plus*.

6 Un conducteur de camion s'était arrêté pour *prêter secours au* blessé.

7 *Ne t'en fais pas;* c'est pas grand-chose.

38 For each of the following sentences write a fresh sentence which gives the same information, *substituting another expression for the words in italics*, and making any other alterations which you consider necessary:

1 J'ai crié après les gosses; ils *se sont tous défilés*.

2 Je ne roulais pas vers Paris. Je *m'étais trompé de route*.

3 Il *eut beau réclamer* son argent.

4 A ce point-là je jugeai prudent de *ralentir mon allure*.

5 *Qu'on ne s'étonne pas* si la France ne se met pas d'accord.

6 Il n'est, *à notre époque*, qu'un seul luxe: la tranquillité.

7 *Ne faites pas l'idiot!*

39 For each of the following sentences write a fresh sentence which gives the same information, *substituting another expression for the words in italics*, and making any other changes you consider necessary:

1 Tous *roulaient à grande allure*.

2 *Au départ du dernier de leurs enfants*, leur train de vie subit un changement.

3 Monsieur, *il faudra se passer d'alcool*.

4 La vieille *se rangea* pour faire de la place sur la banquette.

5 Les trois commères *s'étaient tues*.

6 *Il fit semblant de* ramasser quelque chose sur le trottoir.

7 Un moment de stupeur *succéda à* l'explosion.

8 *Quoi qu'on ait pu me dire* en sa faveur, je ne l'ai pas reçu.

40 For each of the following sentences write a fresh sentence which gives the same information, *substituting another expression for the words in italics*, and making any other changes you consider necessary:

1 Il *s'est creusé la cervelle*, mais rien ne s'est présenté.

2 Mon oncle, *tout intelligent qu'il est*, dit parfois des bêtises.

3 *Bien des fois* elle avait accompagné son père dans l'usine.

4 J'ai *de quoi vous remercier*.

5 Un de ses complices *a vendu la mèche*.

6 Il *a été reçu* à l'épreuve écrite.

7 *Le jour pointe*.

8 Elle aimait les compliments, sans *qu'elle parût* les rechercher.

41 Fill each of the numbered blanks with *one* suitable word.

Maigret on the heels of a criminal

Maigret .... [1] deux autres salons et une salle à manger, puis se retrouva au pied du grand escalier dont les .... [2], jusqu'au premier .... [3], étaient de marbre.

Les .... [4] bruits résonnaient dans le vide absolu de la maison.

Les Crosby n'avaient touché à .... [5]. Peut-être, depuis l'enterrement, n'étaient-ils .... [6] revenus.

C'était l'abandon complet, au .... [7] que le commissaire retrouva sur le tapis de l'escalier une bougie .... [8] il s'était servi lors de son enquête.

Lorsqu'il arriva sur le premier palier, il s'.......... [9] soudain, en .... [10] à un malaise qu'il mit quelques instants à analyser. Et alors il .... [11] l'oreille, retint son .... [12]. Avait-il entendu quelque chose? Il n'en était pas .... [13]. Mais il avait .... [14], pour une raison ou pour une autre, la sensation très nette qu'il n'était pas .... [15] dans la maison.

Il lui semblait percevoir comme un frémissement de vie. Il .... [16] d'abord les épaules. Mais, comme il poussait la porte qui se .... [17] devant lui, ses sourcils se froncèrent. Il respirait avidement.

Une odeur de tabac avait .. .. [18] ses narines. Et non pas l'odeur du tabac refroidi. On avait fumé dans l'appartement quelques instants plus .... [19]. Peut-être fumait-on .... [20]?

Simenon, *L'Homme de la Tour Eiffel*

42 Fill in each of the numbered blanks with *one* suitable word.

Pompidou writes about his childhood

Je suis .... [1] dans un petit village de la Haute-Auvergne, à mille mètres d'altitude, dans une maison qui .... [2] à mes grands-parents maternels. Mon père et ma mère, après avoir été instituteurs à Murat, venaient, à ce moment même, d'être .... [3] professeurs dans les écoles primaires supérieures de garçons et de .... [4] d'Albi. Du côté de mon père, tout le monde était paysan et pauvre, mais non misérable. Mes .... [5] maternels étaient commerçants et mon grand-père avait atteint une relative aisance comme en témoignait le .... [6] entre la maison où je suis né et la chaumière où était née ma mère. La .... [7] prématurée de mon grand-père laissa ma grand-mère à la .... [8] d'un petit avoir en rentes. J'avais à peine quatre .... [9] quand mon père partit pour la guerre. .... [10] dès les premiers jours, il devait, après l'hôpital, repartir sur la Somme. J'avais huit ans quand il revint. A l'âge de la première formation, je n'ai donc .... [11] que ma mère. Le plus grave était que mon père attachait aux études une telle importance qu'il faisait à mes yeux .... [12] de persécuteur.

Pompidou, *Pour rétablir une vérité*

43 Replace each of the numbered blanks with *one* suitable word.

J'arrivai à Prague à six heures .... [1] soir. Tout de suite je .... [2] mes bagages à la consigne. J'avais encore deux heures .... [3] chercher un hôtel. J'avais .... [4] d'argent. De .... [5] vivre six jours. Mais, au .... [6] de ce temps, on .... [7] me rejoindre. Pourtant, l'inquiétude me vint aussi à ce .... [8]. Je me mis .... [9] à la recherche d'un hôtel .... [10]. Vers huit .... [11], fatigué, j'arrivai dans la vieille ville. Là, un hôtel d'apparence .... [12], à petite entrée, me séduisit. J'entre. Je remplis ma .... [13], prends ma clef. J'ai la chambre n° 34, au troisième .... [14]. J'ouvre la .... [15] et me trouve dans une .... [16] très luxueuse. Je .... [17] l'indication d'un prix: il est deux .... [18] plus élevé que je .... [19] pensais. La question d' .... [20] devient épineuse. Je ne peux plus vivre .... [21] pauvrement dans cette grande ville. Il faut manger, marcher .... [22] nouveau et .... [23] le restaurant modeste. Je ne dois pas .... [24] plus de dix couronnes à .... [25] de mes repas.

Albert Camus, *L'Envers et l'endroit*

44 Fill in each of the numbered blanks with *one* suitable word.

A French actress is treated kindly at Christmas

Je venais de signer un nouveau .... [1] pour un film et je me .... [2] au studio d'Ealing. En Angleterre, les équipes de cinéma ne se .... [3] pas comme en France. On ne vous reçoit pas à .... [4] ouverts, on ne vous .... [5] pas à l'épaule. Mais ils deviennent les .... [6] amis du monde, et les plus fidèles. A Ealing, j'ai connu les manifestations d'une .... [7] réelle. Pour Noël, en

Angleterre, les .... ⁸ de maison, dans toutes les .... ⁹ de la société, préparent le .... ¹⁰ traditionnel. C'est très important.
Au .... ¹¹ de Noël, lorsque nous avons .... ¹² le travail, le chef électricien est venu me .... ¹³ en me disant:
— Miss Rosay, je n'ai pas eu l' .... ¹⁴ de vous souhaiter un bon .... ¹⁵ hier, mais j'ai pensé à vous qui êtes si .... ¹⁶ des vôtres et toute .... ¹⁷. Je me suis permis de vous .... ¹⁸ un morceau de notre pudding.
J'avoue ne pas aimer particulièrement ce .... ¹⁹ de gâteau, mais j'ai été émue aux .... ²⁰. Le directeur, Michael Balcon, n'en revenait pas: C'est la .... ²¹ fois que je vois une chose .... ²². Je vous .... ²³ que c'est un grand honneur qu'il vous .... ²⁴ là.

Rosay, *La Traversée d'une vie*

45 Fill in each of the fifteen numbered blanks with *one* suitable word.

Earthquake shocks in Belgium and in China

Trois .... ¹ de terre se sont produits mardi 8 novembre à .... ² de 1h.50 (heure locale) dans la région de Liège, en Belgique. Deux personnes ont été tuées, l' .... ³ par la .... ⁴ d'un plafond, l'autre par crise cardiaque et plusieurs autres ont été légèrement .... ⁵. Les .... ⁶ matériels sont assez importants. Selon les premiers .... ⁷ du Centre sismologique de Strasbourg, la magnitude de la .... ⁸ principale – la première – était comprise entre 4,5 et 5, ce qui fait de ce séisme le plus .... ⁹ des huit tremblements à s' .... ¹⁰ produits dans la région de Liège depuis le .... ¹¹ du siècle.
.... ¹² Chine, un violent séisme de magnitude 6,1 s'est produit le 7 novembre. La secousse aurait provoqué la .... ¹³ d'une trentaine de .... ¹⁴, en aurait blessé plus de deux mille autres et .... ¹⁵ plusieurs milliers de maisons.

Le Monde

46 Explain briefly, but as clearly as possible, in French, the meaning of *seven* of the following:

une cave	se chausser
les actualités	un réverbère
s'égarer	la banlieue
la xénophobie	un gendre
une librairie	une commode

NB You will be allowed two lines of space per explanation in the examination.

47 Explain briefly, but as clearly as possible, in French, the meanings of *seven* of the following:

un mât	une pharmacie
un indigène	chaussée déformée
les vendanges	vol supersonique
faire banqueroute	un méridional
un hebdomadaire	bricoler

48 Explain briefly, but as clearly as possible, in French, the meaning of *seven* of the following:

abuser	un camping
le crépuscule	un piéton
un locataire	la lecture
un bungalow	un verger
une digue	tomber en panne

49 Explain briefly, but as clearly as possible, in French, the meaning of *seven* of the following:

une caserne	un malentendu
le trottoir	se taire
une friandise	une balance
un physicien	un reporter
l'aube	le dessert

50 Explain briefly, but as clearly as possible, in French, the meaning of *seven* of the following:

une dactylo	un carrefour
la longévité	un ouragan
s'orienter	passer un examen
une année bissextile	une roue de rechange
la viticulture	un ouï-dire

Sample Examination Questions

Attempt all questions. Write your answers in the spaces provided.

1 Fill each of the twenty numbered blanks with *one* suitable word.

Dangerous driving

On a calculé qu'en un an un automobiliste a une chance [1].......... deux cent cinquante d'avoir un accident. Bien entendu il [2]s'.......... d'un calcul purement théorique. En réalité certains [3].........., par leur [4].......... de se comporter au [5].........., sont des accidentés en puissance. Il apparaît, en effet, selon les résultats [6]d'.......... effectuées par les compagnies d'assurances, que la [7].......... principale des accidents n'est ni le mauvais [8].......... des routes ni les défaillances des [9].......... A l'origine de soixante-quinze pour [10].......... des accidents on trouve une [11].......... de conduite. [12].......... appréciation des distances, réflexe tardif, [13].......... excessive, nervosité, imprudence, sont les mots qui reviennent le plus [14].......... dans les [15].......... de gendarmerie. Mais parmi ces statistiques il y en a une qui est la plus frappante. Un accident sur trois se [16].......... par la faute de l'alcool. Des dix mille morts [17].......... provoquent chaque année les routes de France, plus de trois mille ont pour cause un [18].......... de boisson. C'est une [19].......... trop importante pour laisser indifférent, et un bien lourd tribut [20].......... à une mauvaise habitude.

2 Finish each of the following sentences in such a way that it means the same as the sentence printed before it.

Example: Je le croyais malade.

Answer: Je croyais *qu'il était malade.*

1. Il est possible que je revienne avant la fin du mois.

    Je ....

2. Après la mort de maman papa s'est installé chez nous.

    Depuis que ....

3. Il faut que vous le lui disiez.

   Il vous ....

4. Parce que le grand-père était malade, la famille n'est pas partie en vacances.

   A cause de ....

5. Elle s'était assise un moment pour prendre haleine, puis elle sortit.

   Après s' ....

6. S'il n'a pas manqué le train, il sera ici vers midi.

   A moins qu' ....

7. Il aimait beaucoup la solitude de ces forêts.

   La solitude ....

8. Pourvu que tu prennes le métro, tu pourras éviter les embouteillages.

   Si ....

9. Tout en admettant les difficultés je vais faire une tentative.

   Bien que ....

10. Sans le secours des pêcheurs nous nous serions noyés.

    Si ....

3 For each of the following sentences write a fresh sentence whose meaning is as close as possible to that of the original sentence, but which includes the word(s) given in capital letters.

1. Je donne un coup de téléphone au bureau, puis je serai à votre disposition.

   QUAND ....

2. Il y avait beaucoup de gens aimables pour me renseigner.

   MANQUAIT ....

3. Tout le monde avait disparu; seules les tables vides restaient.

   TOUS   NE.....QUE

   ....

4. Lui, c'est une connaissance de longue date.

   CONNAIS ....

5. Voilà quelque chose qu'il me faut.

   DONT ....

6. Ma première opération était la réparation du toit.

   COMMENCÉ ....

7. Il fut mis en prison parce qu'il avait dit du mal du régime.

   POUR ....

8. Les réserves de blé et de maïs étaient épuisées.

   PLUS ....

9. Cela se vend dans tous les magasins.

   N'IMPORTE ....

10. Il y a plus de chômeurs en France qu'en Allemagne.

    CHIFFRE ....

4 For each of the following sentences write a fresh sentence which gives the same information, substituting another expression for the words underlined, and making any other changes you consider necessary.

Example:
Je compte prendre mes vacances au mois de juillet
J'ai l'intention de
(or) J'espère   prendre mes vacances au mois de juillet

1. Il m'a donné un coup de main dans les champs.

   ....

2. Ses copains n'ignoraient pas qu'il s'était caché là.

   ....

3. Il me tarde de revoir mon petit village.

   ....

4. Sans carte il est difficile de s'orienter dans ce pays.

   ....

5. J'ai entendu parler de cette nouvelle mode.

....

6. Elle a perdu connaissance.

....

7. Il éprouvait une certaine nervosité.

....

8. Ses opinions ne sont plus les mêmes.

....

9. J'ai oublié les exacts détails de cette affaire.

....

10. A l'avenir il faudra ménager notre argent.

....

5 Complete the sense of the sentences below by inserting in the blank space one word from the following list; do not use any word more than once:

à, avant, avec, contre, dans, de, depuis, en, entre, par, pour, sauf, sous, sur, vers.

1. Les derniers spectateurs se dirigeaient .... la sortie.

2. Je repasserai .... dix jours.

3. Tu peux emprunter des ciseaux .... ta sœur.

4. Il ne faut pas sortir .... un tel temps.

5. Tout cela s'est passé .... mes yeux.

6. L'ameublement consistait .... deux chaises cassées.

7. Personne .... le gardien n'était visible.

8. Il est déjà parti .... l'Espagne.

9. 'Et .... cela, madame?' 'C'est tout, merci.'

10. Jamais .... ma vie je n'ai vu ça.

6 Using the numbered spaces which follow, express the meaning of the underlined and numbered portions of the text in other words in French.

En août dernier une estivante parisienne[1] passionnée d'aviation[2], qui avait décollé[3] de l'aérodrome de La Baule pour une promenade[4] au-dessus de la région n'échappa à un très grave accident que grâce à son sang-froid et à son habileté[5] de pilote. En effet le vitrage de l'habitacle de son avion avait volé en éclats[6] alors qu'elle se disposait à[7] atterrir. Malgré la brusque[8] arrivée d'air elle parvint[9] cependant à redresser son appareil. Cependant les dégâts atteignaient environ 500 F. Le coupable? Un pigeon voyageur qui ne survécut pas[10] à cette rencontre mais dont la bague révéla qu'il appartenait à un habitant du Morbihan. La facture fut envoyée à celui-ci, mais la compagnie d'assurance du colombophile[11] rétorqua que les oiseaux avaient aussi bien le droit d'utiliser l'espace aérien[12] que les humains.

1. ....
2. ....
3. ....
4. ....
5. ....
6. ....
7. ....
8. ....
9. ....
10. ....
11. ....
12. ....

7 Explain briefly, but as clearly as possible, in French, the meaning of FIVE of the following:

Example: un volant: appareil de direction dans une automobile.

un taxi	une pépinière
un sous-sol	un motel
un souffleur (dans un théâtre)	une voie sans issue
une volte-face	une grange
un gratte-ciel	un passage à niveau

1. ....

2. ....

3. ....

4. ....

5. ....

Oxford Local Examinations, A level, June 1983

Just for Fun

1 Franglais

See if you could rewrite these pieces in 'proper' French, cutting out the Franglais.

J'étais au snackbar! Je venais de prendre un self-service, un bel ice-cream; la musique d'un juke-box m'endormait quand un flash de radio annonça soudain qu'un clash risquait d'éclater à Alger. Je sortis, repris ma voiture au parking et ouvris mon transistor. Le premier ministre venait de réunir son brains-trust.

Dear Joséphine,

Je t'écris d'un snack, où je viens de me taper un hot dog en vitesse, tandis que Charlie, à côté de moi, achève son hamburger. Charlie, c'est mon nouveau flirt. Un vrai playboy, tu sais! En football, un crack. On le donne comme futur coach des Young Cats, leader des clubs série F. Je me suis lassée de Johnny, trop beatnik avec ses blue-jeans et son chewing-gum.

Tout dans le living-room paraissait confortable: le shaker sur le bar, le fauteuil club à côté du cosy-corner. Simone, très sexy dans son blue jeans, se remit du compact sur le bout du nez avant d'enfiler ses snow-boots et son duffle-coat.

2 'I thought my French was chronic, until...!'

Mme. de Warens reproaches J.-J. Rousseau for deserting her

Can you decipher this? Could you help with the spelling and punctuation?

ce dix de fevrier 1754

'vous verifié bien En moy Le chapitre que je vien de Lire dens Limitations dejesuschris ou il est dit que la ou nous métons nos plus fermes Esperence, c'est cequy nous manqueras, totalement ce net point Lecoup que vous maver portes qui m'affliges mais cest Lamain dont il part, cy vous Ette capable de faire un moment de Reflection vous vous direr a vous méme toutceque je pourois repondre avotre Létres; malgres tout cela jesuis et seray toute mavie votre veritable bonne mère.

adieu.'

Appendix

Passages for Aural Comprehension on Tape

1 Interview with an ex-convict.
2 The rise of the *relais routier*, the *restoroute* and the motel.
3 Holidays and holiday jobs for *lycéens* and students.
4 The Swiss are ordered to stock up their larders 'just in case'.
5 Dr Spock, repentant chauvinist or reluctant feminist?
6 President de Gaulle gives his views on the French economy.
7 Pascal Thomas has strong views on the filming of children.
8 Interview with Yves Duteil.
9 Overcrowding and stress.
10 The early life of a popular singer.
11 Jacques Le Goff, historian and ecologist, defends his crab-fishing.
12 The writer Marguerite Yourcenar speaks of her father and her childhood.

Aural comprehension 1

F: Combien de temps êtes-vous resté en prison?

M: Cette fois-ci onze ans et sept mois. La première fois trois ans, de 1946 à 1949.

F: Vous avez trente-cinq ans. Entre quel âge et quel âge avez-vous été libre?

M: Entre vingt-trois et vingt-quatre ans. Pendant dix-huit mois.

F: Ça a commencé comment?

M: Pendant la libération de Paris. C'est là que j'ai connu les premiers voyous. Et puis, à la sortie de ma première peine, j'en ai revu d'autres. Voilà.

F: Cette fois?

M: Cette fois, non. Je me dis ceci: après quatorze ans de prison, j'ai envie de vivre un peu. J'essaye. Je travaille. J'ai travaillé quinze jours après ma sortie grâce à des amis de lycée.

F: C'est difficile?

M: Oui. L'expérience de la prison n'apporte rien de bon. Ça peut rendre méchant. On est noué. Quelquefois je me demande si je vais tenir le coup. Mais je sais que la prochaine fois que je tombe je suis terminé complètement. Mes meilleurs amis sont 'dedans'. Ceux qui sont dehors, je n'en ai revu aucun depuis ma sortie.

F: L'ennui ne va pas jusqu'à vous faire regretter la prison?

M: Quelle idée vous faites-vous de la prison pour me poser une question pareille? Je ne m'ennuie que de la sorte de gens que j'ai pu y rencontrer et que, par raison, je ne veux plus revoir.

F: Considérez-vous qu'il y a une équivalence entre la peine que vous venez de subir et la mort?

M: Non. Ce que je viens de subir, c'est plus grave que la mort.

F: Considérez-vous que votre procès a été mené justement ou non?

M: Non. Je n'ai pas été jugé en raison des faits qui m'ont été reprochés. Aux assises, si vous êtes reconnu comme un 'voyou', on ne vous juge plus sur les faits, mais sur la réputation qu'on vous fait.

F: Qu'est-ce qui domine pour vous dans les quatorze ans de prison? La colère? La douleur? L'ennui?

M: La crainte de mourir en prison. C'est la pire des choses. La différence entre une grande peine et une petite peine est là. Les 'grandes peines' s'affolent à la moindre maladie. Crever un mois après la sortie, d'accord; mais pas en prison.

F: Quelle crainte encore?

M: La crainte d'un incident irrémédiable, ce qui vous retirerait toutes les chances de sortie.

F: Quelle était votre préoccupation avant de sortir?

M: Trouver du travail. A la sortie de la prison, trouver du travail reste l'inquiétude majeure.

Aural comprehension 2

L'automobile et le camion ont rendu aux vieilles routes de France le prestige et l'activité dont elles jouissaient avant le chemin de fer. Les auberges avaient fermé leurs portes. Le tourisme et le routage les rouvrent de plus belle. Les auberges ne suffiront pas toujours pour ceux qui sont sur la route à longueur d'année, d'autres se créeront plus adaptées à leur profession et leurs affaires. Pour des hommes en déplacements perpétuels, vivant la plupart du temps éloignés de leur foyer, logement et nourriture ont une importance primordiale. D'où la création d'une institution de grande ampleur: celle des relais routiers. La 'Confédération nationale des routiers et salariés de France' a été créée en 1936. Cette Confédération a étendu son action en Angleterre, en Suisse, en Belgique, en Hollande, en Europe de l'Est, en Allemagne, en Afrique et aux Etats-Unis, avec les T.I.R. ou Transports internationaux routiers. Le relais routier, distingué par la plaque célèbre créée en 1936, se doit de posséder trois qualités indispensables: accorder un bon accueil; dispenser une qualité de nourriture ou de logement suffisante; pratiquer de petits prix. De plus, un relais est tenu de réserver au moins une chambre jusqu'à 21 heures au cas où un routier se présenterait tardivement. C'est le nombre de camions devant la porte qui est le meilleur garant de la qualité du relais routier.

Mais cette clientèle de chauffeurs vivant sur la route, et de la route, n'est plus la seule à rechercher un relais complet approprié à sa condition et ses besoins. L'ouverture du Marché Commun et la nécessité impérieuse de rechercher des ventes à l'étranger conduit toute une catégorie d'hommes d'affaires à des voyages de prospection. Inspiré d'une pratique américaine, le restoroute permet au voyageur pressé de prendre, à toute heure du jour et de la nuit, un repas simple mais satisfaisant en moins d'une demi-heure, tandis que les employés de la station-service couplée avec le relais effectuent, s'il le désire, le graissage ou le plein d'essence de sa voiture.

Et c'est tout naturellement qu'au bord de la route moderne l'industrie hôtelière et ceux qui se soucient des besoins de l'automobiliste ont retrouvé la tradition ancienne du relais routier. Le 'Motel' est bien le terme actuel de cette évolution. On a choisi en général de construire les motels à quelques kilomètres des agglomérations, justement pour éviter tous les ennuis de parking, de circulation et de bruit. L'automobiliste peut tout aussi bien se restaurer simplement et sans perte de temps au snack ou déguster les mets de la grande restauration, avant d'aller dormir dans sa chambre dotée d'une installation sanitaire et du téléphone.

Aural comprehension 3

I   Jusqu'à l'âge de 16 ans pour la presque totalité de lycéens, la question des vacances est résolue de façon simple: ils partent avec leurs parents ou dans des groupes choisis par leurs parents et donc financés par eux, ce qui revient au même. Mais en nombre de plus en plus grand et de plus en plus tôt, les lycéens manifestent le désir de passer des vacances choisies par eux et, par conséquent, financées, dans la mesure du possible par eux. Disposant de peu d'argent, ils choisissent les formules 'courtes' et les plus économiques: ainsi, dès l'âge de 15 ans, nombre d'entre eux adoptent la solution bon marché des chantiers de travail. Ou bien ils travaillent, en général un mois, comme employés de bureau, de banque, des P.T.T., vendeurs, secrétariat, etc.

II   Le plus souvent, ils partent grâce à des organisations qui permettent, pour un prix modique, 'de s'amuser, se détendre, de préférence au bord de la mer', ou bien de connaître un pays, une région. Ceux qui partent seuls ou avec des amis, utilisant des auberges de jeunesse, campings, etc, constituent une minorité. Restent, bien entendu, les traditionnels séjours à l'étranger pour se perfectionner dans la langue du pays, dont les frais sont supportés par la famille.

Il semble qu'au fur et à mesure que l'on s'éloigne de Paris et des grandes villes les lycéens aient de moins en moins de vacances, la plupart travaillant, ne serait-ce qu'à mi-temps ou à la maison pour aider leurs parents. Certains même ne partent pas en vacances. Le fait que, souvent, ils habitent à la campagne explique en partie cette absence d'un besoin d'évasion.

III   Les étudiants sont, lorsqu'ils sont reçus à leurs examens, libres pendant 3 ou 4 mois. Presque tous peuvent ainsi travailler pour payer leurs vacances. L'éventail des 'jobs' qui s'offrent à eux est beaucoup plus large en raison de leur âge et de leur formation, mais le marché est très couru. Ils acceptent ainsi presque tout ce qui se présente: cours particuliers, distribution de prospectus, pompistes, barman, photographes sur les plages, correction de copies, etc.

Aural comprehension 4

Dans ce pays d'abondance, de quasi-plein-emploi, riche et opulent, il peut paraître paradoxal de prêcher la prévoyance et la rigueur. C'est pourtant le rôle que se donne régulièrement le gouvernement suisse, rappelant à la population les dangers de la grande dépendance du pays vis-à-vis de l'étranger en matière d'approvisionnement. Et d'appeler les familles à renouveler les provisions de ménage prévues par la loi. Sans emphase, mais avec le souci catégorique de convaincre, mais sans non plus vouloir déclencher le moindre mouvement d'inquiétude. Kurt Fugler, le ministre de l'Economie publique, vient de remplir cette tâche ingrate.

Prendre ses précautions 'pour le cas où'. Voilà le slogan qui résonne aux oreilles des citoyens une fois l'an. Pour donner du poids à une argumentation écoutée souvent distraitement, on rappelle les temps pénibles de la Seconde Guerre mondiale où, quoique protégée par sa neutralité, la Confédération n'en éprouva pas moins des difficultés pour nourrir ses habitants. On cite encore l'automne 1973 lorsque fut décrété l'embargo pétrolier.

Il faut savoir qu'aujourd'hui, la Suisse importe 85% de sa consommation de graisse et d'huile, 62% de son sucre, 45% de ses œufs, 35% de ces céréales et le tout à l'avenant. L'Etat a lui-même constitué des stocks très importants dont la valeur dépasse les 10 milliards de francs de marchandises. Ils comprennent aussi bien du carburant que des semences pour l'agriculture.

Mais dans ce pays où l'on entend toujours responsabiliser le citoyen, le gouvernement attend de tout un chacun qu'il participe directement à l'effort national. Et c'est ainsi que chaque foyer helvétique doit consacrer 50F suisses par personne – un peu plus de 150F français – pour parer à toute éventualité. Des listes de denrées alimentaires à garder chez soi sont largement diffusées à travers le pays. Il est précisé que les quantités minimum suivantes sont recommandées par personne: 2kg de sucre, 1kg de riz, 1kg de pâtes alimentaires, 1 litre d'huile et 1kg de graisse.

Cette opération va de pair avec l'extraordinaire effort effectué en matière de protection civile. On sait que tous les bâtiments publics, les immeubles d'habitation et les logements individuels disposent d'abri anti-atomique. La logique veut que les habitants repliés dans ces souterrains y trouvent de quoi manger. Des aliments spéciaux ont certes été préparés à cette fin, mais leur mauvais goût est tel que l'on préférera puiser dans les réserves traditionnelles.

Aural comprehension 5

F: Quel rôle les femmes ont-elles joué dans votre propre éducation?

M: Ma grand-mère était une femme redoutable qui n'hésitait pas à enfermer les enfants récalcitrants dans les placards, à leur infliger des châtiments corporels, à les priver de nourriture, à la moindre incartade. Ma mère ne fut pas moins stricte. Les enfants étaient couchés à six heures du soir et ne mangeaient pas de viande avant douze ans. Les filles ne sortaient jamais avec des garçons avant dix-sept ans.

F: En quoi consistent vos erreurs, à propos des femmes, et sur quels points êtes-vous revenu sur vos idées anciennes?

M: J'écrivais que les garçons étaient plus agressifs, plus têtus, plus enclins à la violence que les filles. J'expliquais comment et pourquoi, dans une famille composée d'un père faible et soumis et d'une mère dominatrice, les enfants étaient souvent désaxés. Je pense toujours qu'une mère dominatrice nuit à l'équilibre de l'enfant, mais je crois qu'un père dominateur ne vaut guère mieux. Je n'avais pas songé au fait que la mère a autant le droit que le père de poursuivre sa carrière. Je suis toujours convaincu que ce qui importe par-dessus tout au développement du bébé, c'est un rapport chaleureux, intime avec un *parent*. Mais ce peut être aussi bien la mère, le père, un grand-parent ou la nourrice.

F: Pourquoi tant de femmes américaines trouvent-elles ennuyeux leur métier de mère et d'épouse?

M: Il y a un énorme contraste entre la liberté dont jouit une jeune fille américaine et l'espèce d'asservissement où elle se trouve après la maternité. D'autre part, la plupart d'entre elles ne sont pas préparées pour communiquer avec un petit enfant. Elles se sentent idiotes à la fin de la journée où elles ont 'parlé' seulement avec le bébé. Les femmes parlent aujourd'hui de leurs droits. Elles ont bien raison: les hommes n'ont pas cessé de faire valoir les leurs.

F: Vos conceptions sur l'éducation des enfants ont-elles, pour autant, changé?

M: Non. Par exemple, je pense qu'il faut punir les enfants qui vous mordent; qu'il faut se montrer ferme avec ceux qui mangent mal, se tiennent n'importe comment; qu'il ne faut pas céder lorsqu'ils refusent de se laver ou de tenir leur chambre en ordre. Ces jeunes barbus, vêtus n'importe comment, l'air crasseux, posent un problème. Mais j'ai fini par comprendre que leur négligence vestimentaire, leur refus du savon était une forme de refus des valeurs associées à la propreté corporelle et à une tenue vestimentaire impeccable.

Aural comprehension 6

S'il y a eu un déclin français, c'est tout simplement parce que la France est restée un vieux pays agricole, et que l'agriculture a perdu sa valeur dans le monde moderne par rapport à l'industrie. Ne cherchez pas midi à quatorze heures: nous étions bien moins bien pourvus que d'autres en matières premières. L'Angleterre et l'Allemagne, qui n'étaient pas douées pour l'agriculture, ont mieux développé leur industrie. Je ne dis pas qu'on ne peut rien faire: je dis qu'on ne peut pas tout faire à la fois. On ne peut pas distribuer plus qu'on n'amasse, ni acheter plus qu'on ne vend, ni employer le profit de la croissance, en même temps à faire des investissements collectifs et à élever les salaires de 15%. On doit choisir. J'ai choisi. Ce qu'il nous faut, c'est rattraper notre retard industriel, en créant des emplois, pour la main-d'œuvre que libère justement la modernisation de l'agriculture. Voilà une tâche bien concrète, bien réelle. Mais qu'on ne parle pas aux Français de leurs vices nationaux. Cela ne prendrait pas. Un peuple a la pudeur de ce qu'il est. Je dis aux Français: *Industrialisons la France.* Ils me comprendront. La 'nouvelle société', le 'nouveau contrat social', 'le changement', c'est un langage bon pour des intellectuels parisiens qui ne savent pas reconnaître une vache d'un taureau. Qu'on s'en gargarise à Saint-Germain-des-Prés: mais qu'on ne prétende pas gouverner la France avec ces amusettes.

Les Français sont comme ils sont. Et ce n'est ni vous, ni moi, qui allons les changer. On ne change pas un homme, et on voudrait en changer cinquante millions! Gouverner les Français, c'est les prendre tels qu'ils se trouvent, ici et aujourd'hui, en essayant d'éviter qu'ils ne fassent trop de bêtises.

Aural comprehension 7

F: Vous avez tourné de nombreux films avec des enfants. Quelle différence y a-t-il entre leur jeu et celui des adultes?

M: Je n'ai jamais tourné avec des enfants 'comédiens'. C'est triste de travailler avec des enfants qui ne sont pas innocents, spontanés. J'aime leur vivacité et leur goût du jeu. Dans *le Chaud Lapin* j'ai travaillé avec un groupe d'enfants de quatre ou cinq ans comme s'il s'agissait d'un jeu. Ils comprennent vite qu'il ne faut pas regarder la caméra. Ils sont naturels. Il faut travailler comme un amusement.

F: Comment voyez-vous l'avenir de l'enfant dans le cinéma?

M: Il est de plus en plus difficile de travailler avec des enfants, car il y a eu, et il y a encore, des abus. Il y a des parents qui font travailler leurs enfants pour des films publicitaires. Je trouve immoral qu'ils gagnent de l'argent de cette façon. Un enfant n'est pas fait pour faire du cinéma. L'auteur de films a besoin d'enfants, mais il ne faut pas les laisser espérer en faire un métier. Jouer dans un film, c'est un petit moment de leur vie. L'idée de 'carrière' pour un enfant ou un adolescent me paraît malsaine. J'ai toujours dit aux enfants que je faisais jouer qu'il s'agissait d'une sorte de vacances. Après, il faut reprendre les études sans rêver. J'ai toujours fait attention à cela.

F: Quel rapport voyez-vous entre les enfants de votre jeunesse et ceux que vous décrivez dans *les Zozos*?

M: Les enfants actuels ont sans doute plus la possibilité de s'exprimer que ceux de ma jeunesse. Leur liberté de mouvement est plus grande. Mais en même temps ils mettent plus de temps à quitter leur famille. Dans les films de vacances tournés en famille, on voit beaucoup plus les enfants, alors qu'autrefois on filmait surtout les adultes. Les parents ont peut-être plus d'amour pour leur progéniture. Les liens sont plus étroits entre pères et fils. Les pères sont devenus plus 'maternels'. Autrefois, ils ne s'occupaient de leur enfant qu'à partir de dix ans. Maintenant la cellule familiale existe pour elle-même.

F: Pourquoi accordez-vous une telle place aux enfants et aux adolescents dans vos films? Que cherchez-vous à montrer?

M: Je ne sais pas trop. Je cherche à montrer un monde et des personnages où règne l'imagination. Je montre les enfants comme ils sont, en essayant de développer leurs tendances. Le monde imaginaire et inattendu qu'ils transportent peut nous apprendre beaucoup de choses. J'aime montrer leur monde de jeu qui permet toutes les inventions.

Aural comprehension 8

F: Yves Duteil, musicien, poète et interprète, où es-tu né?

M: Je suis né à Neuilly et j'ai habité dans le 17 arrondissement de Paris jusqu'à l'âge de vingt ans. En allant à l'école, puis au lycée, je passais devant le pont Cardinet, où il y avait encore des locomotives à vapeur, et, sur le pont, j'étais souvent enveloppé dans un panache de fumée. J'ai écrit une chanson un peu en souvenir de cela.

F: Comment était ce quartier?

M: A la limite du quartier populaire et du quartier bourgeois. Il y avait la rue de Lévy, qui est une rue commerçante, avec des marchands de quatre saisons, des boutiques. Et puis de l'autre côté, à la limite de la rue de Tocqueville où j'habitais, il y avait le quartier du parc Monceau, vraiment très résidentiel, très bourgeois. On vivait entre les deux.

F: As-tu eu une enfance heureuse?

M: Je ne peux pas dire que j'ai eu une enfance malheureuse. Disons que j'ai été insouciant, un peu inconscient et pas très épanoui. Je ne baignais pas dans une ambiance de sensibilité, on était très pudique à la maison, on ne manifestait jamais ses sentiments. Dans mon enfance je n'ai manqué de rien. On avait une vie de famille, avec mon frère et ma sœur.

F: Te souviens-tu de l'école?

M: Oui, ma première école était la maternelle de la rue de Saussure. J'avais plein de copains dans ce quartier-là. Ensuite je suis allé à l'école communale. Plus tard j'allais au parc Monceau, j'y révisais mes cours, j'y faisais du patin à roulettes; j'aimais bien les balades dans ce parc.

F: Comment se sont passées tes études?

M: Moyennement. Je n'étais pas un élève particulièrement mauvais, certaines matières m'intéressaient, comme l'anglais, le français. J'étais en revanche hermétique aux maths, à la physique. En lettres, j'étais assez assidu. Cela correspond tout à fait à ce que je fais maintenant. J'aime bien me servir de la langue française, j'aime bien exprimer le mieux possible les choses que je ressens et essayer de les mettre en forme.

F: Et ta première guitare?

M: A Noël. Je jouais déjà du piano, et, comme je faisais partie de l'orchestre du lycée, j'avais commencé à jouer sur la guitare d'un copain de l'orchestre. Cela m'a donné l'envie d'en avoir une et j'ai alors demandé à mes parents de m'offrir une guitare pour Noël. Depuis je ne l'ai plus lâchée.

F: Est-ce que tu comptes chanter sans ta guitare?

M: J'ai commencé depuis peu.

F: Pour casser ton image?

M: Non, je n'ai pas envie de casser une image que je n'ai pas. Les gens de ce métier ont envie de casser des images. Alors on voit arriver sans barbe et les cheveux courts un chanteur qui avait les cheveux longs et une barbe. Il a alors l'impression d'avoir révolutionné la terre entière. Je n'ai pas envie de me couper les cheveux pour prouver que je suis libre. La vraie liberté, c'est le naturel.

Aural comprehension 9

En multipliant, sur une surface limitée, une population de rats, on déclenche des comportements agressifs: les femelles détruisent leur nid; les mâles s'entretuent. Les concentrations urbaines perturbent aussi l'équilibre physiologique des groupes humains. L'entassement urbain s'accompagne d'un cortège de plaies sociales: délinquance juvénile, criminalité, dépressions, névroses, paradis artificiels. Or, si Paris n'est pas la plus grande ville du monde, elle est plus dense que les plus grandes.

Aujourd'hui, comme le tronc d'un vieil arbre devient creux, le centre de Paris se vide; et il s'embourgeoise. Employés et ouvriers la quittent pour les banlieues. Cadres supérieurs, membres des professions libérales s'y concentrent. Paris perd ce qu'il avait de meilleur: la fonction d'une ville où l'on communique, où les groupes sociaux se côtoient et apprennent à vivre ensemble.

L'économie de Paris n'est pas moins hypertrophiée que sa population. La région parisienne regroupe presque le quart des emplois nationaux; le revenu moyen par personne atteint approximativement le double de la moyenne nationale. De plus en plus, on habite en banlieue, on travaille dans le centre. Journellement, treize millions de déplacements en région parisienne réduisent la capitale à un gigantesque système circulatoire.

Le mal est si flagrant que l'Etat a fini par réagir. On a multiplié les plans d'aménagement pour que la croissance du monstre soit freinée. Mais le monstre dompté reste un monstre. L'Etat centralisé l'a enfanté. Le monstre, à son tour, tient l'Etat en sa puissance. L'Etat est confondu avec la haute administration. L'Etat est parisien, comme jadis il était versaillais.

Aural comprehension 10

F: Alain Souchon, auteur de chansons célèbres, chanteur populaire, acteur, où es-tu né?

M: Je suis né le 27 mai 1944, à Casablanca, où mon père était professeur d'anglais. Je n'y ai vécu que six mois. Après, nous sommes rentrés à Paris.

Ma famille compte de nombreux enseignants. J'ai un frère qui est aussi professeur d'anglais et les amis de mes parents étaient très souvent enseignants. Mon arrière-grand-mère était danseuse, mon arrière-grand-père lord anglais. Celui-ci a dilapidé toute sa fortune en menant une vie de bâton de chaise. C'était un aristocrate décadent; il ne pensait qu'à la rigolade.

F: Pourquoi parles-tu souvent de châteaux?

M: Ma famille a longtemps possédé un château. C'est moi qui l'ai vendu: j'avais trop de problèmes avec les Monuments historiques. C'était un vieux château dingue, en ruine, immense, très beau. Mais aussi une charge monstrueuse.

F: Pourquoi ta famille est-elle revenue vers la Loire?

M: Parce que mes grands-parents habitaient près de Blois. On allait presque tous les week-ends dans leur maison. Une grande maison où j'avais peur la nuit, comme tous les enfants. A Paris, nous avions une vie étriquée en appartement. Mes parents ne voulaient pas que je joue dans la rue, de peur que je devienne un voyou. Là-bas, c'était la liberté.

F: Comment se passe ton retour à Paris?

M: A six ans, j'ai habité à Paris, dans le seizième arrondissement. Nous vivions tous dans une seule pièce: mon père, ma mère, la bonne et moi. Le soir, la bonne mettait son lit sur le palier de l'escalier de service pour dormir. C'était ahurissant. Mais mes parents vivaient comme ça.

F: Avais-tu des copains?

M: Beaucoup. J'ai encore deux copains de cette époque, que je vois toujours, et que j'aime beaucoup. J'avais envie de rire, de m'amuser: c'est avec eux que j'ai commencé. J'avais tendance à bien aimer les derniers de la classe. Moi, je rigolais; je faisais l'idiot pour faire rire les autres. Ma mère redoutait que je ne devienne un gangster, que je tourne mal.

F: Te considères-tu comme un poète?

M: Non. Un poète est quelqu'un d'important, un homme d'écriture. Moi, je suis de l'audio-visuel; je fais des chansonnettes. Aucun chanteur n'atteint la dimension d'Arthur Rimbaud.

F: Et si ta vie était à refaire?

M: Je serais de nouveau chanteur, c'est sûr.

Aural comprehension 11

F: L'écologiste scrupuleux que vous êtes s'adonne pourtant – avec passion – à la pêche au crabe, combattant, tel un gladiateur, ce diable de crustacé à mains nues.

M: Il est vrai que j'ai un grand respect de la nature, mais je ne me considère pas pour autant comme un militant écologiste. Il est aussi vrai que, dans la passion funeste que vous venez d'evoquer, j'ai scrupule à ne pas abimer le coin de la nature dans lequel j'opère, c'est-à-dire que je n'arrache pas les algues ou les pierres, mais je les soulève et les remets ensuite à leur place. Quant à la métaphore du gladiateur, si elle a, dans ses profondeurs, quelque chose de vrai, elle me paraît exagérer toutefois les risques que je cours! Il est vrai que je pratique la pêche au crabe – sans quoi elle ne serait ni amusante ni éthique – sans aucune protection, ni sandales aux pieds ni gants aux mains, et il m'arrive de m'écorcher, de glisser, d'avoir des éraflures; cela fait peut-être partie du plaisir légèrement masochiste de la chose.

F: Au fond, dans ce 'face-à-face', vous laissez toutes les chances au crabe.

M: En effet, mais je ne voudrais pas qu'on magnifie trop ce modeste jeu; je ne pense pas y chercher un combat sanglant, mais il est vrai que je déguise sûrement sous des couverts moraux avantageux une simple pulsion. Il me semble cependant qu'il doit y avoir un minimum de respect de l'adversaire. Je sais bien que ça n'a rien à voir avec une course de taureaux: jamais je ne serai blessé sérieusement par un crabe. Mais il faut au moins lui laisser une chance de pincer, de se défendre et donc de s'échapper. De plus, un des grands plaisirs que j'en tire, c'est justement le contact direct avec la nature. J'adore me plonger dans la mer, sentir l'eau et toucher les rochers: j'aime les sentir sous mes pieds, sous mes mains, et si je me protégeais, ce contact disparaîtrait.

F: Or, vous rejetez certains crabes à la mer; serait-ce un signe qu'une fois votre 'agressivité' assouvie, la pêche en elle-même n'est plus un tel enjeu?

M: C'est tout à fait vrai. Je ne pratique ni la pêche sousmarine ni le bateau, et quand j'ai de l'eau jusqu'en haut de la poitrine, les crabes que je trouve à cette distance de la côte bretonne sont donc des bêtes relativement modestes. Là, on affronte véritablement un animal qui, dès qu'on le découvre, vous attaque, et je dois avouer qu'il m'est, de ce fait, extrêmement sympathique: il manifeste de la défense, de l'agressivité, et un art des positions astucieuses. Et n'oublions surtout pas que c'est un animal délicieux à manger!

Aural comprehension 12

M: Il semble, Madame Yourcenar, que ce soit un peu le caractère de votre père qui transparaisse à travers vous.

F: Je commence à le croire, mais seulement maintenant, presque en fin de course. Mon père est parfois difficile à définir pour des gens de la présente génération. C'était quelqu'un qui a vécu selon ses impulsions et ses caprices du moment, un lettré comme on l'était autrefois, pour l'amour des livres, pas pour 'faire des recherches' ou même, systématiquement, pour s'instruire; un homme infiniment libre, peut-être l'homme le plus libre que j'aie connu. Il faisait exactement ce qu'il voulait faire, ce qu'il aimait faire. Il se souciait peu du reste. Quand j'avais quinze ans, si quelque chose allait mal, n'importe quoi, il définissait la situation par une formule qu'il avait probablement apprise à l'armée: 'Oh! Ça ne fait rien, on n'est pas d'ici, on s'en va demain'.

M: Mais, avec vous comment était-il?

F: Il était très bien, c'était à peine un père. Un monsieur plus âgé que moi – je ne dirai pas un vieux monsieur, je n'ai jamais eu le sentiment de la différence d'âge, je ne l'ai toujours pas – avec lequel on se promenait pendant des heures en parlant de la philosophie grecque ou de Shakespeare, ou de ses souvenirs et de ceux qu'il tenait des gens plus âgés que lui...

M: N'avez-vous jamais eu le sentiment que c'était un père assez particulier?

F: Je ne me suis jamais posé la question: il était comme ça. Voilà tout.

M: A quel moment vous êtes-vous sentie un peu la contemporaine de votre père?

F: Très vite – à partir de treize ans peut-être, puisque l'âge ne compte pas pour moi. Je ne crois pas parler différemment à un enfant de six ans ou à un homme de soixante.

M: Est-ce votre père qui a pris la décision de ne pas vous envoyer à l'école?

F: Personne ne l'a prise. Les enfants élevés à la maison, à l'époque, cela n'avait rien de rare. J'ai eu une série de gouvernantes qui m'apprenaient l'arithmétique, l'histoire de France, mais j'avais l'impression de l'apprendre mieux moi-même, ce qui était vrai. Je trouvais les problèmes bêtes: quelle somme de fruits obtient-on quand on remplit un panier avec trois quarts de pommes, un huitième d'abricots et un deux-seizième de quelque chose d'autre? Je ne voyais pas le problème; je me demandais pourquoi on aurait arrangé un panier de cette façon-là!

M: Vous lisiez beaucoup?

F: Ah, beaucoup. J'aimais *Phèdre* par exemple.

M: *Phèdre*, de Racine, à huit ans?

F: Oui, je trouvais cela beau. Maintenant, qui était exactement Thésée, qui était Hippolyte, cela n'avait peut-être pas beaucoup d'importance. C'était beau, cela chantait...Notre époque ignore et nie trop le génie de l'enfant.

M: Et les langues anciennes, vous les avez abordées à quel âge?

F: Le latin vers dix ans, le grec vers douze ans. C'est mon père qui me les a apprises, et ensuite j'ai eu des professeurs qui venaient à la maison. Mais c'est lui tout de même qui a commencé.